世界未来基金会
深圳大学新加坡研究中心
顶针智库

新加坡基层组织：
政府与人民之间的缓冲力量

张春阳 著

新加坡国家治理体系和治理能力现代化丛书　编委会

总编　刘鹏辉　　执行主编　吕元礼
编委（以姓氏笔画为序）
冯仑　吕元礼　刘鹏辉　张万坤　陆波　黄隽青

民主与建设出版社　博集天卷 CS-BOOKY

图书在版编目（CIP）数据

新加坡基层组织：政府与人民之间的缓冲力量／张春阳著. —北京：民主与建设出版社，2015.3
ISBN 978-7-5139-0582-4

Ⅰ.①新… Ⅱ.①张… Ⅲ.①国家行政机关—基层组织—行政管理—研究—新加坡 Ⅳ.①D733.931

中国版本图书馆CIP数据核字（2015）第039425号

©民主与建设出版社，2015

新加坡基层组织：政府与人民之间的缓冲力量

出 版 人	许久文
著　　者	张春阳
责任编辑	王　颂
监　　制	于向勇
策划编辑	秦　青
特约编辑	楚　静
营销编辑	刘　健
装帧设计	崔振江
出版发行	民主与建设出版社有限责任公司
电　　话	（010）59419778　59417747
社　　址	北京市朝阳区阜通东大街融科望京中心B座601室
邮　　编	100102
印　　刷	三河市鑫金马印装有限公司
开　　本	640mm×960mm　1/16
印　　张	17
字　　数	200千字
版　　次	2015年5月第1版　2020年1月第2次印刷
书　　号	ISBN 978-7-5139-0582-4
定　　价	35.00元

注：如有印、装质量问题，请致电监督电话：010-84409925

"新加坡国家治理体系与治理能力现代化丛书"
总序

　　人类已迈入新世纪，中国正经历着以习近平为总书记的党中央领导下的意义久远的深刻变革。这场变革以"人民的福祉"为愿景，以"国家治理体系与治理能力现代化"为总目标，以"制度创新"为主要特征，其深度、广度与难度，均超越中国两千余年封建历史长河中的任何一次改革，其对中华民族乃至世界文明的发展都有着无法估量的价值！

　　回首往事，在过去的100余年里，为建设一个富强、民主、法治、公正与文明的现代化中国，我们的祖国经历了戊戌变法、辛亥革命、五四运动、新中国的创立、"文化大革命"与改革开放；我们的人民进行着一次又一次不屈不挠的艰难的思想探索与体制重塑。直到20世纪末叶，中国人民终于找到了适合自己特点的发展道路——有中国特色的社会主义现代化道路。

　　今天，坚冰已经打破，方向已经明了，摆在我们面前的重要任务，就是通过一个个具体的国家治理体系与治理能力的现代化建构，来铺就通向美好愿景的坚实大道。如果说改革开放初期我们的重任是思想解放的话，时至今日，36年的改革开放事业，奠定了浓厚的思想解放的氛围与雄厚的经济基础，同时，也要求我们必须将改革引向"深水区"，进行深入而全面的"制度创新"，实现"国家治理体系与治理能力现代化"，这正是十八届三中全会提出的全面深化改革的总目标。早在2012年11月17号的十八届中共中央政治局第一次集体学习中，习近平主席在讲话中就指出"我们要坚持以实践基础上的理论创新推动制度创新，坚持和完善现有制度，从实际出发，及时制定一些新的制度，构建系统完备、科学规范、运行有效的制度体系"。当前我国正在进行的"全面深化改革"的一系列举措，正是顺应了这一历史的必然。

毋庸置疑，中国共产党领导中国人民所进行的改革开放事业，既是一次深刻的思想解放运动，更是一个伟大的制度建设的过程。小平同志早在20世纪70年代，在系统分析新中国成立以来党和国家工作上的失误的原因时就深刻指出："制度是决定因素。"江泽民同志在党的十四届四中全会上也明确指出："注重制度建设，是这次全会决定的一个重要指导思想，制度建设更带有根本性、全局性、稳定性和长期性。"

自有人类历史以来就有制度的存在，制度文明已成为当今世界各国综合国力竞争的主要内容和标志。

随着党的十八大的召开，特别是三中全会以来，对"依宪治国，依法治国"理念的强调，标志着中国改革开放的历史进程翻开了崭新的一页！世界经济全球化与政治多元化的步伐进一步加快，更加要求我们深入了解和掌握国际社会的各种运行机制，及早具备卓有成效的、具有国际先进水平的现代化的国家治理体系与治理能力，这在很大程度上关系着改革开放事业的成败。

历史证明，一个国家不管历史多么漫长，文明多么悠久，不论在制度建设还是在其他各个领域，单方面依靠自然发展是远远不够的。在自我完善、自我创新的同时，必须借鉴和学习其他民族与国家的优秀经验。制度文明是人类智慧的共同结晶。只要我们本着为我所用的方针，对外国的东西进行认真的鉴别与分析，密切结合中国的特点，切实解决中国的问题，不邯郸学步、失其故步，就是可以做到"洋为中用"。

新加坡承中华文明之血脉，汲西方文化之养分，融现代法治之精神、民主之理念，营建了不同种族、不同文化、不同阶层、人与自然、人与人之间的"新加坡模式"的"和谐社会"。尽管新加坡是个小国，新加坡模式并不是尽善尽美，我们不可照搬照抄，但其结合了长期增长、政治稳定与传统价值的成长经验，是提升中国国家治理体系与能力的重要参考。新加坡经验是中国各级官员高度认可并认真学习的榜样，特别是其执政党人民行动党通过议会制度与政府行政制度，把"为民服务"的宗旨与"以民为本"的理念，有效地落实在执政能力上的经验，尤其值得中国共产党借鉴。

当前，建立一个高效、廉洁、公正的国家治理体系，正是中国共产党实现中华民族伟大复兴面临的艰巨任务。

"国家兴亡，匹夫有责。"正是出于这种对民族与国家的责任感和使命感，"顶针智库"在世界未来发展基金会鼎力襄助下，历时有年，编纂了"新加坡国家治理体系与治理能力现代化丛书"，于2015年初春时节付梓。该丛书的作者有新加坡的前国会议员、行政官员，也有新加坡研究领域的专家与学者。丛书既有作者大量的切身体会与经验，又有专业的理论深度与水平，对我国现阶段的国家治理体系与能力现代化的改革，有着极强的实用性和操作性，希冀本丛书能够为探索我国政治体制改革的对策与方案，提供有益的参考与借鉴。

顶针智库

刘鹏辉　博士

2015年4月8日

长期执政靠什么

我去新加坡之前一直有一个疑问：新加坡人民行动党长期一党执政，但是每过五年社会上就有公开的选举，这究竟是一个民主体制还是一个集权体制？带着这样的疑问，我到新加坡访问了人民行动党中央委员会，终于揭开谜底，并找到了以下几个问题的答案：人民行动党是依靠什么长期执政，又是怎样长期执政的？今后是否会永久执政？

一

新加坡有600多万人，人口虽然不算很多，但是一党长期执政，毕竟需要大量的执政资源、社会资源。我去之前心里想，这么一个拥有几万党员的执政党的党中央，怎么都得有一座大楼。去了一看只有一座三层小楼，还得从最靠边的门进去，拐好多弯才到了接待的地方。负责接待的老先生告诉我们，这就是人民行动党的党中央，一共有 12 个人，办公面积不到两百平方米，还是租的别人的地儿。这样一个执政 50 年，被外界认为高度有效、集权威权的领袖和政党，怎么就这么点儿人呢？它靠什么执政呢？

老先生是人民行动党的日常接待人员，相当于咱们副秘书长的日常值班。他说，人民行动党不是通过武装暴力夺权，也不是靠宫廷政变，而是通过选举上台的。也就是说，它从第一天获得政权，就是依托民意。李光耀开始就是一名律师，带领一帮律师从事工人运动、工会运动，后来通过参加选举，使自己的政党取得了执政地位。

另外，相比其他政党，人民行动党的创建者如李光耀等人，都是受过良好教育的知识分子。李光耀夫妇都是学法律的，毕业于剑桥大学，其他创始人也大多在新加坡以外的地方受过很好的教育。这与历史上其他高度集权倾向体制国家的领导人非常不同，那些长期执政的领导人大多文化水平不高，从事武装斗争，要么是军人，要么是农民，要么是小知识分子。

新加坡的李光耀取得政权的起点是参加选举，创立的体制类似于英国的君主立宪制，有一个虚君，虚君在新加坡就是总统。在选举中获得多数议席的政党可以组成政府，由政府管理社会，政府内阁所有部长都是由执政党党员担任的。也就是说，你要成为部长，前提是你要被选为议员，而议员必须是执政党党员。

李光耀当总理，包括现在李显龙当总理，都要经过这样的选举程序，所有的部长也都是打过选战的。五年一选，相当于每过五年人民就要对他们进行考试，考试及格了，人民行动党就得到了议会多数议席，那就继续执政。至于连续几届没有限制，可以一直执政。

另外，如果总理让你做部长，只要选举成功你就可以做，如果选不上那你就退休。

有一天晚上，我跟一名在去年的选战中失败的人民行动党前议员交谈。在他那个集选区，人民行动党提出五个人参加竞选，反对党也提出五个人，如果赢了这五个人都当选，输了就都落选。他们去年在那个集选区惨败，没能当选，这在人民行动党内部算是一个重大挫折。之后他就不做部长了，出来到社会上工作。

二

人民行动党人很少，大量选举工作怎么进行呢？

第一，不是靠军队。人民行动党没有军队，因为军队是国家的武装力量，而不是党的武装力量。新加坡军人是不能参加政党的，除非你是国防部长，人民行动党执政了要派你当部长，那么你可以参加政党，而部长以下的次长（就是比副部长更低的事务类公务员）都不能参加政党。这是沿用的英国体制。

第二，也不是靠企业。新加坡的淡马锡是政府的主权基金，相当于国有企业，也是最大的国有投资公司，与GIC（新加坡政府投资公司）是两个最大的政府基金，但它们不属于政党。这两个庞大的企业属于政府，是内阁管理的一部分，它们的部分盈余纳入国家储备金，同时由总统管理，而总统并不一定是人民行动党党员。所以，人民行动党的竞选不是靠企业或者金钱。

人民行动党没有军队，也没有企业，为什么每次选举都能赢呢？

我发现，靠两点，这两点其实在中国经常讲到，新加坡人民行动党做得很好。

第一是密切联系群众。人民行动党内的议员、部长每周四或周五都要在自己的选区接待老百姓，从上午八点开始，有时候会接待到凌晨一点。选区里家长里短、鸡毛蒜皮的事多了，但是这种接待一做就50年。我有一个朋友是议员，我去看过他的接待，他真是跟每个人都熟，啥事都知道。每个选区就这么几万人，群众有什么事都找议员说，而议员就在竞选的时候拜托大家选他，靠他替大家办事。

据说李显龙也会来接待，这里有政党的一个小活动室。议员做接待时，大概有三分之一的小事调解调解就可以解决，更多时候需要指导群众循着法律途径去解决，还有一些问题不一定能够解决，那就安慰他们，跟他们沟通，帮他们出主意。新加坡的议员一般在自己的选区有两万到三万人需要接待，每次接待都有八百多人。议员就摆一张桌子来聊，这个问题聊一会儿，那个问题聊一会儿，也靠这个来听取民意。

第二就是全心全意为人民服务。人民行动党办了两件重要的事，第一是办了专门照顾儿童的公益基金，在社区创办低收费的幼儿园。这种基金是大家捐钱办的，与政党的基金没关系，属于公益组织。

另外，人民行动党举办很多工会活动。在新加坡，工会是自由的独立组织。李光耀就是做工会起家的，他曾经对工会承诺：你们要的东西，一旦我执政都可以给你们。在这50年里，他践行了承诺，比如帮助工会支持工友充分就业，为工友提供生活保障等，与工会之间的互动一直很有信誉。工会里有一种平价卖场，就像咱们的合作社,那里的粮食、油等都是最便宜的,这也得到了人民行动党的支持。另外,工会还办了保险公司,为工友解决寿险、保险问题。人民行动党为工会办了这么多实事,工会可以让工人们投票给人民行动党,这是一种良性机制。

还有就是凭业绩。就像王石,他在万科没有什么股份,但是他做董事长快三十年了,董事会为什么选他呢?因为他有业绩,不断的业绩累积使人们更信赖他。新加坡人民行动党就是通过组织精英的团队和建立高效的政府,形成有效的制度体系。我们看到,那些竞选议员的人都是精英,当选后才能做部长。同时,新加坡有设计得很好的国家治理制度,人民行动党执政后又不断完善这些制度,这样下次选举时就很容易成功了。新加坡50年创造的业绩有:人均GDP全世界排第三,营商环境全世界排第一,新加坡政府还是全世界最廉洁的政府之一。人民行动党的这张成绩单,在它执政27年的时候大家就看到了,所以后来又让它执政23年。

所以说,一个政党的长期执政是可以不靠暴力、谎言、威胁和强制的。人民行动党会不会永久执政呢?新加坡的议员和部长说不会,比如最近这次补选,人民行动党又失败了,那就让别人上,作为反对党的工人党就很强势地来了。

人民行动党取得了这么好的成绩,在2011年的大选中得到的公众支持率却降到历史最低,所以他们非常有危机感。他们发现,现在的年轻人与执政的议员年龄差距很大,语言系统完全不一样,思维模式也不一样,这是造成现在支持率降低的原因。于是,崔宪来部长等人非常谦卑地去跟年轻人对话,倾听他们的意见,希望在下次选举中赢回年轻人的心。

他们不认为自己可以永久执政，而认为应该不断适应挑战，赢得选民的心，只有这样才有可能长期执政。如果有一天人民行动党做得不够好，或者已经做得很好，很难更好了，而人们希望更好的愿望是不变的，有可能想换换口味，那么工人党就上去试试，人民行动党可能就下台了。

三

再说说执政党的经费和待遇。党中央这12个人花多少钱呢？党中央一年的经费将近500万新元，包括房租、人员薪资，还有一笔预算就是接待，比如我们去了，给我们一瓶水喝，这都得纳入预算。那么钱从哪儿来呢？党费只有一点点，更多是靠议员、部长，他们捐出自己三分之一的收入，大概有两三百万新元，加上党费大概500万新元。党中央的部长都没有公车，从家到办公室得开自己的车。

做部长比一般人有没有更多的经济利益呢？没有。他们应该就是为人民服务。我以前也听说，新加坡部长的薪资是一两百万新元，所谓高薪养廉，但是要知道这是裸薪，以后是没有退休工资的，如果你不当部长了就一分钱都没有，另外也不会管你的用车和看病。这有点像明星拿片酬，片酬之外都靠自己打理。这样算来，部长们的薪资不算高。他们都是名校毕业的精英，比如同是剑桥毕业，在私人公司工作的同学一年拿一百万新元，当部长的话却只有七十万，这就叫机会成本。因为你是为社会大众服务，所以你要减少三分之一，从这个角度来讲，部长真是做奉献。再对比香港的公务员，虽然他们名义工资很低，但是退休以后的二三十年国家都会管。所以按劳动力市场的标准算，当新加坡的部长应该是市价的七折。如果以后不当部长了，他们可以去做公司，相当于咱们国企控股的那种，也可以在私人公司当董事，还可以自己去做生意。因为部长是裸薪，以后还得养活自己。

在新加坡的公务员体系中，部长以上的可以参加政党，而常任秘书（即相当于常务副部长）以下的公务员不参加政党。参照英国的体制，公务员、军人、警察中的事务类人员都不参加政党，只有政务类的部长、副部长参加政党。如果以后工人党竞选成功，可以把部长换成工人党党员。

新加坡人民行动党的入党程序不是多么严格。比如某次选举过后，发现某个年轻人不错，就会说服他参加人民行动党。他入党后就开始接受培养，通过一套很严格的面试体系，包括心理测试，最后一关就是代表人民行动党出来竞选，选上了就当部长，选不上就该干嘛干嘛。一些人年轻时被选中加入人民行动党，但是后来放弃政党，如果后来选上公务员了，可以再做一次审核。专业团队不需要什么倾向，就如公司员工不需要代表各自的股东，否则公司就乱套了；对于一个执行团队，事务类以下的全部是非党，属于职业技术官僚。

偶尔走进新加坡人民行动党的党中央，我发现世界上的华人地区还有这么一个政党，通过选举掌握政权，通过吸纳民意来为人民服务，凭借精英团队和良好业绩长期执政，而且不以永久执政为目的。

在中国，共产党的执政让中国经济有了 30 多年的荣景，也很成功，但是在现在的社会转型中也面临很多挑战，面临未来中国社会如何整合社会政治资源，从而创设更好的国家治理形式的问题。新加坡人民行动党创造的经济和社会发展模式，可以带来很多参考，这也算是我这次旅行的意外收获。

世界未来基金会
冯 仑
2015 年 4 月 8 日

目录
CONTENTS

引言 / 001

第一章 / 角色形成：新加坡基层组织的演进 / 001

如火如荼的政治斗争、工业化、居者有其屋政策带来的"副作用"，以及民主化浪潮中无法独善其身的"恶果"，催生了新加坡基层组织。在人民行动党政府的有意"栽培"下，基层组织"破土而出"。

第一节　角色期待：新加坡基层组织的产生背景 / 002
第二节　角色塑造：新加坡基层组织的发展历程 / 031

第二章 / 角色充当：新加坡基层组织的作用 / 061

在"全民投票战"、刺探选情、戈麦斯事件预警中，基层组织可谓是帮了人民行动党大忙。而举办层出不穷的康乐活动、玛丽亚·赫托暴动以及度岁金计划中的出色表现，进一步展现了基层组织的"英雄本色"。

第一节　政治角色的充当：政府主导的必然结果 / 062
第二节　社会角色的充当：基层组织的存在理由 / 109

第三章 / 角色冲突：新加坡基层组织的困境 / 127

陈硕茂被拒中元晚宴风波，使得人民协会落人话柄；街灯事件以及指示牌被政治染色的现实，导致反对党掌控的市镇会不得不"以牙还牙"；加上出身、人事安排、经济来源均身不由己，基层组织面临着强烈的"内忧外患"。

第一节　角色内冲突：政治角色与社会角色之间的矛盾 / 128

第二节　角色外冲突：政府、社区组织与基层组织间的对立 / 141

第三节　一山岂能容多虎：基层组织间的冲突 / 155

第四章 / 角色调适：新加坡基层组织的完善 / 161

"人老色衰"魔咒的困扰，麻将大赛"和"不成的尴尬，加上解散基层组织呼声的出现，让人想起一句话——"距离产生美"。"脱色"已成为基层组织不得不做出的选择。

第一节　内部调适：基层组织的自我调整 / 162

第二节　外部调适：政府管理基层组织方式的改进 / 176

第五章 / 角色整合：新加坡基层组织的走向 / 187

《小孩不笨》耐人寻味的政治寓意、《离婚》剧事件引发的争议以及李光耀对形势的"误判"，使得基层组织发展面临诸多挑战。透过大白象事件、地铁跨岛线替代路线争议及陈清木游园风波，可以发现，基层组织已悄然在发生改变。

第一节　角色差距：新加坡基层组织面临的挑战 / 188

第二节　角色转换：新加坡基层组织的展望 / 214

结语 / 240

后记 / 243

参考文献 / 246

引言

　　1990年11月27日，在执掌总理职务长达31年后，李光耀把总理这副重担卸下，退居二线，担任内阁资政。1991年10月4日，新加坡各基层组织由公民咨询委员会带头，组织了一场规模盛大的"全国人民向李资政致敬"的晚宴，将近5000人出席了这场在世界贸易中心第四大厅举办的盛宴。也正是在这个历史性场合，李光耀做出了他对新加坡基层组织的总体性评价。他说："基层组织的力量对新加坡的成功向来起着关键性的作用。从20世纪60年代到80年代，基层组织协助政治领袖和人民建立起密切的关系，同时也协助培养共识。"[①] 与建国总理李光耀的上述看法相一致，第二任总理吴作栋认为，基层组织在加强人民与政府之间的联系上扮演着重要角色。他们促进种族和谐与社会凝聚力，他们在建屋局组屋区协助培养归属感与社区精神，他们协助解释与替政府的政策辩护，

---

① 李光耀. 加强基层领袖的根基[N]. 联合早报，1991-10-05（8）.

他们把一般人民的情绪、期望及不满反映给政府；[1] 现任总理李显龙则慨叹，行动党是个强大的政党，同时得到基层的大力支持，要是缺少这个因素，这种社会凝聚力将难以形成。

与上述三任总理不同，新加坡反对党对基层组织的评价较为负面。工人党秘书长刘程强指出，基层组织并不是真的如它向来坚称的是一个非政治组织，它跟行动党之间有着密切关系，对反对党不公平；[2] 民主联盟议员詹时中认为，人民行动党政府在各个选区的基层组织所扮演的就是耳目的角色，用来控制所有的选区，并了解每个选区内所发生的事情。但是，反对党却没有这样的间谍网络。[3] 同在新加坡，同样是基层组织，为何执政党和反对党给予的评价会如此截然不同？这引起了笔者的研究兴趣。

"基层组织"的英文名称为"Grassroots Organizations"，译成中文就是"草根组织"。草根组织，又称非政府组织，它是相对于政府和企业的一个独立领域，具有非政府性。一般认为，非政府组织（Non-Governmental Organization，简称NGO）一词最初是在1945年6月签订的《联合国宪章》第71款正式使用的。该条款授权联合国经社理事会"为同那些与该理事会所管理的事务有关的非政府组织进行磋商做出适当安排"。1952年，联合国经社理事会在其决议中将非政府组织定义为"凡不是根据政府间协议建立的国际组织都可被看作非政府组织"。[4] 具体而言，非政府组

---

[1] 转引自：吴俊刚，李小林.李光耀与基层组织[M].新加坡：胜利出版私人有限公司，2000：77.
[2] 林慧慧.工人党"王牌"亮相如切区[N].联合早报，2011-04-11.
[3] 蔡添成，周殊钦.詹时中要留守波东巴西[N].联合早报，2006-03-10.
[4] 王名.清华NGO研究丛书[M].北京：清华大学出版社，2005：绪言.

织是指那些独立于政府系统和市场系统之外的一类组织，并具有以下特点：组织不代表政府或国家的立场，而是代表来自民间的诉求，即非政府性；组织把提供公益和公共服务当作主要目标，而不把获取利润当作追求，即非营利性；组织拥有自己的组织机制、管理机制和独立的经济来源，无论政治、管理，还是财政上，都在相当程度上独立于政府之外，即独立性；组织成员参加组织完全出于自愿而不是迫于无奈，即自愿性；组织还有非政党性和非宗教性的特征，即它不以取得政权为主要目标，也不从事传教活动。

具体到新加坡，"基层组织"（Grassroots Organizations）则是一个特指概念，主要指的是民众联络所/民众俱乐部、联络所管理委员会/俱乐部管理委员会、公民咨询委员会和居民委员会等社会组织。其中，公民咨询委员会是选区中最高的基层组织，是全区性的；居民委员会则是小区组织，每个小区一般代表10至20座政府组屋；联络所管理委员会/俱乐部管理委员会则是管理各民众联络所/民众俱乐部的组织。[①]

根据新加坡各基层组织的章程，新加坡基层组织是非政府组织。从表面上看，这些基层组织在政治上是中立的，和政府没有必然的从属关系。特别是早期的基层组织和基层社区领袖皆由民间自发形成，带有明显的自我服务和自我管理性质。但没有人能否认，基层组织构成了今日新加坡政府网络中重要的一环。政府主导是新加坡基层组织最重要的特征。多年来，人民行动党政府通过领导人委任、资金拨付等方式牢牢掌控着新加坡基层组织的走向。人民协会作为

[①] 吴俊刚，李小林.李光耀与基层组织[M].新加坡：胜利出版私人有限公司，2000：ⅲ.

一个负责管理基层组织的法定机构，对基层组织的领导层实行委任制。目前分别担任人协董事部主席及副主席的李显龙总理和林瑞生部长，有权委任基层组织委员会的委员及基层组织顾问。由于不论是在执政的人民行动党选区，或者是在反对党人担任议员的选区，都是由行动党议员或它的落选候选人担任基层组织顾问。因此，新加坡基层组织实际上已被执政的人民行动党所垄断。基层组织的发展尽管与经济的演变和民间社会力量的壮大存在着密切的联系，但更重要的还是与政府推行的政策、政府给予多大的行政合法性有关。人民行动党政府的政策在很大程度上决定着新加坡基层组织的存亡续绝，人民行动党政府对基层组织基本上进行了全面的控制。在这样一种背景下，基层组织不可避免地被抹上了党派政治的色彩。这无形中又使新加坡基层组织由"非政府组织"变成了"准政府组织"。

基层组织在新加坡这个国家大组织中，不仅占据着非常重要的地位，而且其本身也是一个非常严密的系统，有着诸多可供世人借鉴的、成功的运作经验。在新加坡建国过程中，新加坡政府和前总理李光耀视人民行动党和青年团、领导核心、军警特、职工总会和基层组织为支撑新加坡社会，擎起新加坡国家的五大支柱，并着力建设好每个组织。在这五大支柱中，基层组织是新加坡国家政权的基础，它在巩固人民行动党的执政基础、动员群众共赴国难、塑造多元种族社会和扩大参与等方面均扮演着重要角色。诚如新加坡前总理吴作栋所言："基层领袖在加强人民与政府之间的联系上扮演着重要角色。他们促进种族和谐与社会凝聚力，他们在建屋局组屋区协助培养归属感与社区精神，他们协助解释与替政府的政策辩护，他们把一般人民的情绪、期望及不满反映给政府。"[1] 经过50多年的演进,新加坡基层组织已成为新加坡政治躯体中的神经网络。[2]

既然基层组织在新加坡扮演着如此重要的角色,那么,以角色理论为视角来解析新加坡基层组织就显得很有必要了。角色理论告诉我们,角色的形成过程是角色期待的结果,同时又是角色塑造的产物;新加坡基层组织的形成过程伴随着哪些角色期待与塑造?角色理论认为,在现实生活中,由于社会地位的特点和社会生活的多元性,处于一定社会地位上的个人或组织,通常都不只是扮演一种角色,而是要同时扮演好几种角色;新加坡基层组织在新加坡社会又扮演着哪些角色?考虑到不同的角色有不同的行为模式,当这些角色的行为模式出现不协调时,冲突就会产生;新加坡基层组织在扮演各种角色的过程中又面临着哪些角色冲突?如果角色冲突得不到及时调适,那么角色的行为选择就可能与期望角色产生背离;为了有效化解冲突,新加坡基层组织应该如何调适?社会在变,人们对角色的期待也会相应改变;期待改变,角色转换也就势在必行了。新加坡基层组织从20世纪60年代走到21世纪的今天,人们对它的期待不会一成不变。如果基层组织固着于某一角色,必将产生角色距离;为了弥合角色距离,新加坡基层组织又需要进行哪些角色转换?本书试图对以上问题做出探讨和回答。

党的十八大报告指出,要健全基层党组织领导的充满活力的基层群众自治机制,发挥基层各类组织协同作用,实现政府管理和基

---

[1] 转引自:吴俊刚,李小林.李光耀与基层组织[M].新加坡:胜利出版私人有限公司,2000:77.
[2] 李光耀.在新加坡的生理组织里建立神经中枢和神经网[N].星洲日报,1978-04-16(3).

层民主有机结合。① 多年来，人民行动党政府一直实践着执政党领导下的群众参与。因此，研究新加坡政府主导下的基层组织，对于同属东方社会和同样倡导构建执政党领导下的充满活力的基层群众自治机制的当代中国，具有提供借鉴的现实意义。

党的十八大报告进一步指出："当前，世情、国情、党情继续发生深刻变化，我们面临的发展机遇和风险挑战前所未有。"② 改革开放30多年来，我国的经济发展取得了举世瞩目的成就，我们的社会也经历了巨大的变迁。然而，经济的迅猛发展带来了一系列不稳定因素，社会的急剧变迁造成了民众参与需求的扩大。农村方面，近年来，由于民情反馈体系的失灵，百姓集体上访现象在全国各地频频出现。更有甚者，由于利益表达渠道缺失，各地群体性事件也时有发生。城市方面，随着城市居民住房商品化、市场化改革的深入，城市住宅状况与计划经济时代相比已经发生了深刻的变化，越来越多的居民成为私有房产的业主。住房产权私有化引起了城市社区权利结构的变化，为了维护切身利益，业主们自发形成集体行为，推举产生业主委员会。由于传统社区管理体制的局限和缺陷，以及业主委员会内部运作与外部制约机制不健全，维权业主与房地产开发商、物业管理公司、地方政府管理部门之间经常陷入错综复杂的矛盾与冲突之中，相互对抗成为目前社区结构中最大的矛盾体现。党的十八大报告指出："社会和谐是中国特色社会主义的本质属性。要

---

① 胡锦涛.坚定不移沿着中国特色社会主义道路前进 为全面建成小康社会而奋斗——在中国共产党第十八次全国代表大会上的报告[R].新华网，2012-11-19.
② 胡锦涛.坚定不移沿着中国特色社会主义道路前进 为全面建成小康社会而奋斗——在中国共产党第十八次全国代表大会上的报告[R].新华网，2012-11-19.

把保障和改善民生放在更加突出的位置，加强和创新社会管理，正确处理改革发展稳定关系，团结一切可以团结的力量，最大限度增加和谐因素，增强社会创造活力，确保人民安居乐业、社会安定有序、国家长治久安。"①而无论是构建社会主义和谐社会，还是全面建成小康社会，都离不开政府与民众之间沟通渠道的畅通，离不开各族人民的积极参与。如何有效地建立起政府与人民之间的沟通网络，如何有效地缓解和疏导新近动员起来的集团和个体参与政治，使其不至于扰乱现有体制本身并有效发挥其作用，是摆在我们面前亟待解决的问题。

新加坡自 1965 年 8 月脱离马来西亚联邦独立之后，只用了很短的时间就实现了现代化，在经济发展、政治稳定和社会管理等方面均取得了骄人的成就。作为东南亚各新兴国家中政治最清廉稳定，经济最繁荣进步，社会最和谐安定的国家，新加坡的建设成就吸引了世人的目光。时至今日，人们对新加坡的研究热情依然炽热，究其原因，不仅仅在于新加坡经济的持续高速增长，还在于其社会的动态和谐。而这种动态和谐的实现，很大程度上应归功于基层组织角色的成功扮演。

早在 1988 年，邓小平与李光耀会面时就曾说过："中国必须向别人学习，包括你们。"②在 1992 年南方谈话时，他又说："新加坡的社会秩序算是好的，他们管得严。我们应当借鉴他们的经验，而且比他们管得更好。"③几十年来，新加坡政府在建设基层组织、

---

①胡锦涛.坚定不移沿着中国特色社会主义道路前进 为全面建成小康社会而奋斗——在中国共产党第十八次全国代表大会上的报告[R].新华网，2012-11-19.
②李光耀.李光耀回忆录（1965-2000）[M].台北：世界书局，2000：711.
③邓小平.邓小平文选第三卷[C].北京：人民出版社，1993：378-379.

发挥基层组织的作用方面已建立了一套独特而有效的运作机制；在构建我国执政党领导下的充满活力的基层群众自治机制的过程中，如何建立起政府与人民之间的沟通网络，如何在现有体制内化解各种矛盾，如何提高政府在基层的执行力，新加坡建设基层组织的有关经验，能给予我们有益的启发。

新加坡
基层组织的角色扮演

第一章
角色形成：新加坡基层组织的演进

如火如荼的政治斗争、工业化、居者有其屋政策带来的"副作用"，以及民主化浪潮中无法独善其身的"恶果"，催生了新加坡基层组织。在人民行动党政府的有意"栽培"下，基层组织"破土而出"。

新加坡基层组织的出现是角色期待和角色塑造的结果。今天的新加坡社会基层组织系统，是经过40多年的逐渐发展和演进形成的。新加坡社会基层组织的产生，并不是人民行动党突发奇想的结果，而是时代的产儿，是诸多期待作用的产物；人民行动党政府所做的，则是把这种时代的产物塑造成制度化的组织。

第一节
角色期待：新加坡基层组织的产生背景

角色期待是社会各方对处于社会结构中一定地位的个体或组织的各种期望。整个社会犹如一座天然的大舞台，每个人或组织在这个舞台上都占有一定的地位，围绕着这一地位，社会各方会对其产生各种期待。基层组织在新加坡这个大舞台上的出现也伴

随着新加坡社会各方的期待。诸多期待的综合便成为新加坡基层组织的产生背景。具体来说,这些期待主要表现为以下几个方面:

一、政治斗争的需要:基础稳方能走得远

人民行动党在成立不到五年的时间即成功上台执政,雄厚的群众基础是主要原因。然而,人民行动党的群众基础并非一开始就稳固,而是在经历了一系列激烈的斗争后,才得以巩固。从某种意义上讲,正是由于政治斗争的形势所迫,新加坡基层组织才得以迅速建立起来。

同床异梦的结合

20 世纪 50 年代,整个新加坡处于反殖民主义的斗争洪流中,进步党、民主党等各种政党纷纷涌现。进步党早在 1947 年便已成立,成员只限于一小部分受英文教育的专业人士和一些在本地安家落户的英国人。民主党于 1955 年 3 月成立,在林德宪制下自动登记,许多说华语和说华语方言的选民被纳入选民名册。总体来说,两党都代表中产阶级和中产阶级的上层,但都因缺乏群众基础而未能在立法议会选举中获胜。

各种政党的涌现及其相继在立法议会选举中失利给新加坡人民行动党主要创始人之一的李光耀很深的触动。为了组建一个有

群众基础的政党，李光耀及人民行动党其他创始人选择了与自己政治理念不同，却在广大劳动阶层占据主导地位的亲共工会领袖联手。1954年11月21日，由七名民族主义与民主社会主义者和七名共产主义者共同组成的新加坡人民行动党成立。

人民行动党是由"人民"和"行动"两股不同的政治势力组成的政治联盟式政党，并以民主社会主义的政治思想意识形态为导向。人民行动党在当时的政治群体中，标榜激进的社会改革意识，积极参与反殖民运动，在政党政治中属左翼政党。人民行动党的党名，代表了党内由林清祥与李光耀领导的两个派系。"人民"代表的是本地受传统华文教育的20多岁林清祥所领导的工人阶级势力，"人民"一词有鲜明的草根意识，是群众参与政治的表白。"行动"代表的是留学于英国的30多岁的李光耀领导的受英语教育的中产阶级势力，"行动"一名源自当时由吴庆瑞与贝恩领导的本地高级公务员组成的一个共同利益组织：联合行动委员会。

"人民"与"行动"两个派系，是在分别考量了与其他政治派系联盟的可能性之后，才做出选择彼此合作的决定。在殖民地政治社会里，华人工人运动政治向来受到严格的政府监管，处于受打压的不利地位。因此，林清祥派系选择与英文源流的政治势力合作，是要借助中产阶级的政治形象来冲淡其工人政治的色彩。而另一方面，李光耀则认识到，只有拉拢林清祥派系才能争取到华人的选票，因为只接受过英语教育的李光耀没有办法和华人社会沟通，无法争取华人选民的支持，而他在新加坡不得不面对的政治现实是，华人选票是最大的票源。李光耀坦言，我们要依赖华文教育者去竞选，同时，也可以凸显其激进改革的形象，以便和那些同样接受英文教育的亲英的保守政治划清界限，争取那些有反英与反殖民心态的选票。"人民"派系的工会组织可以提供一个现成的政治架构与运作机制，立即落实行动派的政治活动，并取得华人工会与华校学生运动的庞大支持力量。

尽管"人民"与"行动"两个派系的政治动机不同，但在行为上却有共通性，"目的不是为了夺权，而是为了暴露殖民地政权的腐朽"，[①] 因而可以在一个共同的政治平台上，联合进行反殖民运动。对李光耀派系而言，加入反殖民运动阵营只不过是其通往最终政治目标的一种手段，在他们看来，反殖民与反英国是两个全然不同的政治活动。因此，在高喊反殖民口号的同时，李光耀与英国保持了相当好的关系，这也给他赢得了很大的政治活动空间，最终得到了英国人的全力支持，保住了人民行动党中央执行委员会的控制权，并在最后的斗争中胜出。

而林清祥派系的政治立场旗帜鲜明，在他们看来，反殖民运动就是反对英国殖民政府的运动，并不是可以模棱两可的投机行为。因此，对林清祥派系而言，反殖民运动不是一种政治手段而是政治运动的最终目的。在人民行动党以及新加坡的政治历史上，李光耀和林清祥的两个派系，都成功地达成了他们的政治目标：李光耀和他的同僚通过人民行动党获得了足够的选票，成为新加

[①] 李光耀.李光耀回忆录（1923—1965）[M].新加坡：联合早报，1998：209.

坡政治领导人；林清祥与他的同僚也通过辅助人民行动党独立执政，成功地结束了英国在新加坡的殖民统治。

正是在与林清祥派系的合作过程中，以李光耀为首的"行动派"切实感受到了"人民派"基层组织在动员群众方面的重大作用。这种直观的感受对李光耀的触动很大，可以说，正是受到"人民派"基层组织所扮演的重要角色的刺激，李光耀才会在随后的政治生涯中重视并大力发展"行动派"的基层组织。

"坑爹"的布局

在完成了共同的目标即摆脱英国的殖民统治、获得独立自治后，人民行动党内部隐藏的危机开始显露，矛盾很快便尖锐化、表面化，原本就有分歧的内部派系逐渐决裂。而决裂的导火索则是马来亚首相东姑·阿都拉曼表示愿意同新加坡合组马来西亚。

这又得从二战后英国人"坑爹"的布局说起。第二次世界大战结束后，英国虽然仍在欧洲保有极高的国家地位，但其经济实力已在二战中消耗殆尽，眼睁睁看着美国一跃成为东西方唯一的超级大国。在美国主宰的新的国际秩序里，世界各地的殖民地民族主义逐渐高涨，英国显然不能再用过去武力殖民的方式来保持它在远东的国际地位。于是，英国决定退而求其次，既然没有实力在殖民地继续保持其大英帝国的统治地位，那就不要为此利益付出更大的代价，引起当地民众的憎恨，使英国再次陷入殖民与反殖民的斗争泥潭。于是，英国开始承认甚至在一定程度上鼓励殖民地兴起的地方民族主义，并与新的当权者结盟。英国宣布承认这些国家的独立，但其国家仍属英联邦国家，英国仍要在这些独立的国家内保持其利益及影响力。具体到东南亚，英国希望在这个地区建立一个政治团体，其范围包括马来亚联合邦、新加坡和婆罗洲领地（沙捞越、北婆罗洲和文莱）在内的一个英联邦国家——马来西亚联邦。

20世纪50年代以来，在英国的"授意"下，东南亚的各个国家，从自身角度出发，开始考虑进行某种形式的合并。自1956年以来，巫统界开始在讨论将马来亚与婆罗洲各国进行联合的设想，这一意图已在各岛广为谈论。此时，新加坡的政治领袖也一直提倡新加坡与马来亚进行有限度的合并。20世纪50年代中期，新加坡首席部长大卫·马绍尔和他的继任者林有福，在他们的任期内都曾争取实现新加坡与马来亚的政治合并，但都以失败告终。李光耀担任总理后，继续争取实现新加坡与马来亚的合并。作为"合并"的当事方之一的马来亚，则一直对新加坡的"投怀送抱"毫无兴致。马来亚总理东姑·阿都拉曼认为，新加坡这个岛屿上没有什么资源能够给马来亚带来利益，它占据优势的港口贸易及工业化生产，又是东姑·阿都拉曼想要极力在本国推行的经济政策。除此以外，马来亚国内刚刚经过了针对激进势力的长达10年之久的"紧急状态"，好不容易取得胜利的东姑·阿都拉曼虽已掌权，但他知道看似被打败的马来亚激进势力并没有放弃斗争，转而在地下开展运动。他认为新加坡发生的一系列反殖民政府的激进运动，证明了新加坡的政治中出现了华人的沙文主义和共产主义，新加坡正逐渐成为滋生激进势力的温床。因此，马来亚的执政当局认为还是与新加坡保持一定的距离为好。

然而，让人预想不到的是，到了1961年5月，东姑·阿都拉曼对新马合并一事的态度突然发生了不可思议的大逆转，他到访新加坡并向记者宣布，他正在考虑新加坡、婆罗洲、文莱和沙捞越，以及马来亚联邦在"政治和经济方面进行更密切的合作"的可能性。这无疑成为人民行动党内部分裂的催化剂。

人民行动党分裂

堡垒最容易从内部攻破。人民行动党作为由两股不同社会背景与不同阶级组成的联盟式政党，有着极其明显的内部分歧。从一开始，党的领导层和党的基层组织，在政治意识形态上就有着不可调和的差异性，彼此的从政目的也各不相同。留英归来的中产阶级，有着浓厚的参与政治的兴趣及个人政治野心，以成为新加坡未来政治当权者为目标，具有鲜明的西方个人主义色彩。而工人运动则是争取全体工人的社会利益，华校学生运动则是要为全体母语教育（华语、巫语、印度语）争取和英校平等的教学津贴，以及为全体母语教育毕业生争取到和英校毕业生同等的就业机会。工人与学生运动，都是带着浓厚利他精神的社会运动，是具有无偿牺牲、奉献社会的群体性意愿，并非寻求个人利益。

在与马来亚和北婆罗洲合并成立马来西亚问题上，人民行动党内部的分歧尤为严重。人民行动党内部的受英文教育派（行动派）坚持合并，激进派（人民派）却认为新加坡应该本身独立。当马来亚首相东姑·阿都拉曼表示愿意同新加坡合组马来西亚后，人民行动党内部的激进派决定采取行动。1961年6月2日至12日，以林清祥为首的激进派发动了第一轮反合并行动。当时，林清祥仍然是财政部长，他以即将在安顺选区进行补选一事进行要挟，于6月2日写信给人民行动党主席杜进才，提出安顺补选的一些条件。6月9日，杜进才回信，但林清祥不满意。6月12日，林清祥发表声明，要求政府立即释放被扣留的一批左派人士。激进派此时也鼓励工会、学生团体群起响应，并在安顺补选的竞选活动中支持反对党工人党候选人马绍尔，使人民行动党候选人马末·阿旺落败。

安顺补选失败前，芳林选区也进行了补选。在芳林区补选中，原是行动党议员的王永元在退党后以独立人士身份挑战行动党候选人易润堂，王永元以73%的选票取得胜利。一年内两次补选失败，使得李光耀于1961年7月17日提出辞呈，要求引退，不再担任总理。人民行动党主席杜进才回信表示党中委对李光耀的领导有十足信心，要他继续干下去。1961年7月20日，李光耀要求立法议会召开特别会议并提出信任动议，结果有13名行动党立法议员在表决时弃权，暴露了他们的立场和身份。7月21日，李绍祖（当时的内政部次长）、林清祥等13人被革除次长职务并被开除出人民行动党。7月30日，他们宣布退出人民行动党，成立自己的组织——社会主义阵线，导致人民行动党最后分裂。

激进派在基层有着各种基层组织，这些组织的存在，强化了激进派与底层群众的日常联系，从而使激进派赢得了基层群众的拥护。与激进派合作组建人民行动党后，底层群众对激进派的支持也就顺理成章地变成了对人民行动党的支持，人民行动党由此迅速成为一股强大的政治力量。然而，随着激进派的"出走"，人民行动党雄厚的群众基础一夜之间土崩瓦解，李光耀为首的人民行动党人已悬在空中，迫切需要基层民众这一"基柱"的支撑。

基层争夺战

双方决裂后几个星期，争夺基层的战争可谓硝烟弥漫。"人民派"每天都在报纸上发表声明，或者举行记者招待会，大肆宣传己方观点的同时，打压"行动派"的政治空间。在社会主义阵线成立的同时，非激进派工会与亲激进派工会之间也划清了界限。此次分裂不仅导致人民行动党议员流失，更严重削弱了行动党的群众基础，人民行动党的处境变得岌岌可危。有人统计，这一分裂导致人民行动党失去了80%以上的普通党员，包括两个支部外的所有支部，以及23个支薪书记中的19个。[1]也有人估计，随着这一分裂，60%—70%的人民行动党普通成员和30%的支薪书记离开。[2]尽管统计数字不尽相同，但有一点是肯定的，即

---

[1] Cheng Lianpang. Singapore's People's Action Party. Singapore: Oxford University Press.1971: 15.
[2] Bellows, T. J. The People's Action Party of Singapore: Emergence of a Dominant Party System. New Haven. 1970: 28.

通过这次分裂，人民行动党已处于风雨飘摇的境地。

1952年5月，李光耀代表邮电制服职工联合会与政府谈判，成功达成了罢工邮差和电报信差的利益诉求。随后，更多工会和会馆邀请李光耀担任法律顾问，这些工会群体成为李光耀后来步入政坛的坚定政治支持者。但是，要巩固执政地位，仅仅依靠若干行业的工会群体是远远不够的，赢得斗争胜利必须赢得更广大民众的支持。通过与激进派合作，人民行动党感受到了基层组织在动员群众方面的巨大作用。面对党内分裂带来的民众支持流失，人民行动党清醒地认识到，要赢得与激进派的斗争，首先必须赢得民众的支持；要使普通民众不受谣言的蛊惑和煽动，必须把高度离散的社会群体组织起来。可当时的情形是，一般的新加坡人，无论个人感情和效忠对象如何，其内心总不愿公开和任何政党发生关系。这些普通的新加坡人并不是对政治漠不关心，而是内心对激进分子的咄咄逼人和不可一世感到害怕。大多数新加坡人，尤其是华人，都有很好的理由相信，如果他们公开反对某个政党，那么，一旦这个政党得胜，他们必然会遭到报复。如何抓住民心，又不让普通民众担心被卷入政治的旋涡，是考验人民行动党政府智慧的巨大挑战。于是，人民行动党想到了组建基层组织。

李光耀指出："我们的领袖和人民必须发展各种组织和一种生活方式，使他们能够应付突然发生的紧急情况。"[①] 为此，人民行动党政府于1960年7月组建了人民协会，并利用人民协会

---

① 李光耀. 李光耀40年政论选[C]. 北京：现代出版社，1996：235.

与激进分子展开了一场基层的生死斗争。人民协会当时招募了大约50名受华文教育而又具备相当政治敏感性的青年担任民众联络所的组织人员，他们是构成这些民众联络所的核心人员。1961年6月，随着人民行动党中的激进派宣布退党，人民协会招募的上述50名组织人员多数也跟着离开，转为支持社会主义阵线，因为他们相信社会主义阵线将击垮人民行动党而获胜。尽管激进派组织在成立后的18个月内控制了2/3的有组织的劳工，得到43个工会的公开支持，[①]并且在南洋大学学生中也有重要影响，但人民行动党政府利用人民协会同激进派的基层组织展开了针锋相对的斗争，并号召全国团结和忠诚。经过一系列的斗争，激进派逐渐处于劣势。

为了弥补分裂后基层组织架构的不完整，1962年，李光耀开始下乡访问，把联络所的建所活动带入高潮。乡下大量兴建民众联络所，用于替代已失去的政党基层组织，并利用这些联络所在地方层次从事福利服务和政府宣传。这样，普通民众可以不必直接和人民行动党或激进派那样的政党，或是社会福利厅那样的政府公开发生关系。但是他们可以和半独立、半官方的法定机构打成一片，并参与人民协会举办的各种娱乐、社交和教育活动。李光耀指出："对传播信息以应付激进派的宣传来说，联络所是有用的。我们开始建造。那是简单的木结构建筑，石棉天花板、水泥地面，装上电灯，有台吊扇、一张乒乓桌、一张康乐球桌、

---

① 陈祖洲.新加坡"权威型"政治下的现代化[M].成都：四川人民出版社，2001：110-111.

一台黑白电视机。"[1]据统计，从1962年11月到1963年底的14个月里，新加坡全国共有121间新联络所落成。[2]

公民咨询委员会和联络所管理委员会的成立，最初也是由于政治斗争的需要。李光耀在1991年回忆这段历史时不无感慨地说道："经过了一场又一场的激烈和艰苦的斗争后，人民行动党终于赢得了1963年的大选。我决定把基层组织制度化，成立选区公民咨询委员会和民众联络所管理委员会。"[3]1961年至1963年期间，人民行动党与激进派斗争正酣，党的领袖们经常要到各选区进行活动。为此，一些人民行动党的基层干部组织了欢迎委员会来负责接待工作，并帮助党的议员接待群众。李光耀等领导人感到这是一种与群众取得联系、获得群众支持的有效形式，就决定建立一个永久性的正式组织来做这项工作。1965年3月，首批4个公民咨询委员会成立；到1966年，共有51个选区成立了公民咨询委员会。由于公民咨询委员会是以选区为基础设立的，随着选区的增减，其数量也有所变化。

为了赢得大选

执政地位巩固后的人民行动党之所以也非常重视基层组织的建设，说到底也是政治斗争使然。由于新加坡实行的是议会共和

---

[1]李光耀.李光耀回忆录（1923-1965）[M].新加坡：新加坡联合早报，1998：543.
[2]郑亦瑜.为民服务二十五年[N].联合早报，1985-07-01（4）.
[3]李光耀.加强基层领袖的根基[N].联合早报，1991-10-05（8）.

制，人民行动党必须赢得五年一次的国会选举才能执政，国会议员必须通过像西方议员一样的竞选过程才能获得民众的认同。在这样一种体制下，人民行动党无法强迫选民投票给自己，只能靠"讨好"选民、取信于选民才能取得统治权：只有建立在民主制度和民心基础上的执政，政权才具有合法性从而立于不败之地。因此，五年一次的大选就是一把悬在人民行动党头上的"达摩克利斯之剑"。有了这把宝剑的存在，人民行动党就有了失去政权的危险，这使它时刻保持着危机感，并督促自己不能忘记选民。

早些时候，由于反对党候选人无论是个人素质，还是个人经历，都无法与人民行动党候选人相提并论，反对党更多的是作为陪衬参与大选。近几年来，随着越来越多的社会精英加入反对党，反对党候选人无论是个人素质、经历还是个人魅力，均获得了大幅提升，人民行动党已感受到了实实在在的威胁。

以新加坡最近一次国会选举为例。2011年5月7日，新加坡举行第十二届国会选举，全国共划分为15个集选区和12个单选区，共87个国会议席。其中，四人集选区两个（8席），五人集选区11个（55席），六人集选区两个（12席）。反对党争取除丹戎巴葛集选区外的全部单、集选区，角逐87个议席中的82个，竞选议席比例高达94%，这是新加坡自1965年独立建国以来举行的最激烈的一次大选。这次大选中，工人党"孤注一掷"：秘书长刘程强走出自1991年一直坚守的后港选区，率领林瑞莲、陈硕茂等人组成梦幻"A队"，到阿裕尼五人集选区挑战由外交部长杨荣文统领的团队，并最终以54.71%的高票率胜出，成为新加坡有史以来第一个攻破行动党"坚固堡垒"——集选区的反对党。工人党候选人饶欣龙也不负众望,成功守住刘程强的根据地后港,赢得一个宝贵席位。此次大选,工人党共赢得6个国会席位,成为2011年大选反对党中最大的赢家。反观人民行动党的战果,从某种意义上可谓是损失"惨重",痛失一名爱将——外交部长杨荣文,同时所创造的有史以来集选区牢不可破的神话就此破灭。国会中有了自20世纪60年代以来最多的反对党议员,人民行动党的执政行为受到更强的监督和制约。人民行动党虽然毫无悬念地延续了自己的执政地位,但其得票率降至60.14%的新低。得票率的下降也促使人民行动党反躬自省,反思如何更有效地掌握民心众意。赢得选举、巩固统治,物色杰出的候选人固然重要,但更不可或缺的是要建立起党与人民的持久联系,基层组织的重要性由此再次凸显。

二、社区治理的需要:民众参与才是王道

新加坡作为一个移民国家,多元种族、多元文化和多种语言,构成了新加坡社会的一大特征。新加坡独立后,由于失去了马来半岛腹地,作为一个转口贸易国家,为了自求生存,在经济、社会、文化,以及社区结构等方面,均进行了大规模的改革。这些改革,使得原有的社区治理模式遭到越来越严峻的挑战。在此背景下,寻找更能吸引民众参与的社区治理新模式就显得尤为迫切。

新加坡工业化计划

20世纪60年代初,新加坡经济面临严峻挑战:国土狭小,资源稀缺;人口增长迅速,失业率高达10%;经济上高度依赖转口贸易和英军基地服务业;制造业十分薄弱,缺乏工业技术和资金。为打破这种状况,新加坡政府提出改变单一畸形的经济结构,启动了工业化计划。

从1960年起,新加坡政府提出多项工业化政策,颁布《新兴工业法案》和《工业扩展法案》,大力发展民族工业;实施进口替代工业战略,解决失业和经济结构单一的问题;实行进口配额制度,保护新兴工业。1961年,新加坡成立经济发展局,主要任务是推行工业化政策和招商引资。同年,大规模开发裕廊工业园,鼓励各类企业到工业园落户。随着大批服装、纺织、玩具等企业的建立,新加坡工业化进程全面展开。政府的措施很快就收到了成效,1960年到1964年,GDP年均增长5.3%,工业企业发展到100家左右。制造业在GDP中的比重由1960年的12%增加到1964年的14%。[1]

1965年,随着被迫脱离马来西亚而独立,国内市场骤然缩小,原料供应受到极大限制,新加坡工业化进程受阻。雪上加霜的是,对新加坡经济有着重要影响且提供大量就业机会的英军基地此时正计划撤离。有分析指出,没有了英国军队的开销,新加坡的国

---

[1] 明晓东. 新加坡工业化过程及其启示[J]. 宏观经济管理, 2003, (12)

内生产总值将减少20%左右。[1]面对如此严峻的形势，新加坡政府及时调整政策，提出面向出口的工业化战略，大力吸引外资，发展制造业和金融业。1965年，实施以征收进口税取代进口配额制新政策。1967年，颁布《经济扩展法案》，对出口厂商提供减免所得税的优惠，缩小进口商品的征税范围和进口限额范围。同时，政府通过财政和中央公积金等措施，为发展出口导向工业积累资金，对缺乏资金和专业技术而无法经营的私人企业实行国有化，如新加坡航空公司、海皇轮船公司、三巴望造船厂、新加坡发展银行等都是在这个时期被收归国有的。1968年，新加坡政府又成立裕廊城市管理局、机械工业管理局和国家贸易局，加强了对工业贸易的引导和管理。新加坡政府还通过了《雇佣法令》与《工业关系（修正）法令》，加强对劳资双方的约束。1972年，新加坡又组建了全国贸易联合理事会和工资理事会，进一步改善劳资关系，为工业企业健康发展提供保证。这期间，软饮料、砖土陶瓷、玻璃、印刷、木材、橡胶、纺织、电子部件业获得迅速发展。劳动密集型工业逐步形成，既增加了国家经济收入，也解决了民众就业问题。1965年到1979年，GDP年均增长10%，失业率降至3.3%，制造业占GDP比重由1965年的15%增加到1979年的27%。[2]

随着工业化计划的推进，一方面，新加坡经济获得了快速发展；另一方面，来自不同种族民众的归属感和凝聚力依然缺失。要改变这种现状，政府迫切需要一种能吸纳不同族群民众参与，

---

[1]李光耀.李光耀回忆录（1965-2000）[M].台北：世界书局，2000：54.
[2]明晓东.新加坡工业化过程及其启示[J].宏观经济管理，2003，（12）

同时帮助塑造国民意识的组织。这客观上为基层组织的出现提供了契机。

"居者有其屋"计划

随着工业化计划的推进,新加坡社会的另一突出问题——住房问题开始凸显。当时普通居民的居住条件恶劣,平均每户居民不足一间居室。据官方统计,当时200万人口中有40%的家庭住在贫民窟或棚户区,能够住上像样住宅的人口只占居民总数的9%。面对严峻的"屋荒",以及由恶劣的住房问题带来的一系列社会不稳定因素,1964年,新加坡政府将解决住房问题提升到基本国策的高度,提出了"居者有其屋"的口号。为了达成这一目标,新加坡成立了建屋发展局,专职负责建造公共组屋。为解决广大中低收入居民的住宅问题,建屋发展局开始大规模兴建低标准、小户型住房,简称"组屋"。

新加坡的组屋与当前国内推行的经济适用房类似,但新加坡组屋的历史更悠久,可以追溯到20世纪30年代的英国殖民时期,是殖民政权为安抚人心的"善治"。新加坡政府宣布"居者有其屋"政策后,正式开启新加坡的"组屋时代"。有资料显示,新加坡常住人口中,大约85%的公民居住在政府的组屋;其中93%的居民拥有组屋99年的房产地契,7%的低收入家庭向政府廉价租赁组屋,15%的高收入家庭居住在私宅。新加坡由此成为全世界住宅问题解决得最好的国家之一。

历经几十年的发展，新加坡的组屋政策已趋于成熟。新加坡公共组屋制度基本上是以法律的形式存在，政府颁布了《建屋与发展法令》和《土地征用法令》，以确保组屋的供应。此外，政府还提供了大量的资金补助，主要有建房贷款、购房资金贷款和政府津贴等等。

新加坡住房政策的核心是解决中低收入者的住房问题，因此新加坡的组屋一般都是以小户型、低价位为主。一般来说，购买组屋要满足五个条件：新加坡公民、年龄最低21岁、必须组成一个核心家庭单位、家庭月收入低于8000新元、此前不能拥有私房。随着市场的变化，新的政策也应运而生，组屋在住满5年后可转售，收入上限的限制也逐渐放宽。

针对单身人士，政府规定，35岁及以上的单身公民可以购买任何类型和地段的转手组屋，如家庭月收入在一定上限下，有机会获得一定的公积金购房津贴。对于无力购房的总收入介于800—2000新元的新加坡公民，则可以以低廉的价格租赁组屋。比如，家庭收入在800新元以下的申请一室一厅，每月的房租最低仅为26新元，约合人民币130元。

此外，重视培养家庭伦理和谐，是新加坡组屋制度颇有特色的一个设计。新加坡政府为了倡导家庭凝聚力，给予那些在公开市场首次购买靠近已婚子女或父母的组屋的公民4万新元的津贴。已婚子女如果在"抽签购屋计划"和"预购组屋计划"下，申请组屋以便于与父母同住或靠近父母，将额外增加1倍的抽签机会。

组屋还承担起了弥合种族冲突的任务。在新加坡，种族、宗教混杂。据了解，在新加坡，华人、马来人、印度人就分别占总人口的76%、15.1%、6.5%。因此，政府不得不通过立法来规定各个种族在组屋区内的比例。如果一栋房子的华人比例已经达到70%，建屋发展局就不会再批准华人居住到这里来，获得许可的只会是其他种族。这些规定，对于新加坡家庭和谐乃至社会的和谐，起到一种润物细无声的推动作用。

这些计划在提高经济水平、改善国民生活环境的同时，也引起了社会的急遽变革。大规模的公共建屋计划造成了人口的大量流动，对新加坡人口的分布和结构产生了深远的影响。政府在售卖组屋时所实行的"先到先分配"和公开抽签的分配方式，打破了殖民地时代形成的不同种族分区聚居的局面，全国各地纷纷出现了由不同种族、语言、宗教和文化背景的居民组成新的社区。旧有的种族社区逐渐瓦解，新的、各种族混合居住的新型多元种族社区逐渐形成。但是这种通过政治力量强制而成的社区，不同种族之间的接触虽较前增多，但也仅是相当表面、浮浅的，缺乏社区成员应有的互相往来及合作、关心的精神。新加坡政府意识到，如果这种状况持续下去，对于塑造一个具有高度认同感的国家而言，将毫无益处。于是，新加坡政府想到了建立基层组织来促进社区成员之间的交往，进而增进凝聚力。

基层组织临危受命

社会的急速改变，速度之快令现有的以种族和宗亲为纽带的社区组织措手不及。它们都知道客观环境已经改变，但似乎没有办法有效地去应对这种新的局面；面对剧变的发生，它们显得有些惶惑。旧有的以种族和宗亲为纽带的社区组织的基础原本是那么牢固，但20世纪70年代大规模的人口向新镇迁移，使他们的基层迅速崩溃，原有的社区组织就像站在流沙上，手足无措。面对社会巨变，迫切需要培育新的基层组织来弥补现有基层组织的不足。

新加坡居民委员会就是社区治理需要的直接产物。随着"居者有其屋"计划的推进，新加坡社会开始急速变化，到了20世纪70年代，传统的根据乡村父老以及宗亲会馆和有关文化团体的领袖作为基础的基层网络被破坏了。人们已经搬迁到了新的环境，在同一座组屋里住着不同种族的民众，传统的地方领袖再也不能发挥有效的作用，因为他们所属的群体已经被分散到全国不同的社区。

由于不同语言、不同文化的种族有着不同的娱乐需求，政府在社区治理上面临着越来越大的压力。在经济全球化、政治民主化和文化多样化的大背景下，社区治理越来越受到人们的关注。世界各国的实践证明，政府在社区管理过程中的作用固然重要，但如果没有广大社区利益相关者的积极参与，社区管理的成本将十分高昂，管理的效率将非常低下。随着社会的发展和进步，公民在社区事务管理中的作用变得日益重要。素有民主优良传统的西方各国，已越来越重视社区管理中的公众参与。新加坡作为一个港口城市国家，开放性是它的特点，长期殖民地的历史更加深了它的西方特色。因此，西方社区治理中政府与人民共同参与的方式，无形中会对新加坡产生影响。再者，随着社会的发展，新加坡社区居民的需求日益多样化，这客观上增加了政府社区治理的难度；让公众参与到社区治理当中，形成政府与公民合作管理社区公共事务的治理模式，将有助于提高治理的效率，更好地满足各种族居民的需要，进而赢得民心。既然传统的以政府为单一主体的治理模式已无法满足现实的需要，人民行动党政府迫切需要在各组屋区建立起新的基层网络，以便会聚居于特定区域的各种族居民参与，共同治理好社区。

在社区治理、社区利益相关者和政府的三重期待下，新加坡各组屋区相继成立了居民委员会。到1991年10月，居民委员会已经在新加坡各住宅区形成基层网。[1]

三、民众康乐的需要：国民闲暇要有新舞台

一些国家原来就独立，一些国家争取到独立，新加坡的独立却是强加在它头上的。让新加坡和马来亚合并曾是人民行动党的奋斗目标，然而，随着1965年8月9日的到来，人民行动党的这一目标化作了幻影。当人民行动党政府独立政府宪报发出后，这个世界似乎什么都没变，唯一改变的是从那一刻起，新加坡脱离了马来西亚。为什么新加坡会落到这般尴尬的境地？这对人民

---

[1] 李光耀. 李光耀40年政论选[C]. 北京：现代出版社，1996：233.

行动党政府而言已不再重要,重要的是如何才能使一批来自中国、印度、马来西亚、印尼和亚洲其他地区,使用多种语言的移民形成一个国家,使新加坡有更加美好的未来。新加坡基层组织的出现,就是这种思索的产物之一。

无所事事的悲哀

新加坡是个移民国家。人口来源复杂,是新加坡自开埠以来就一直存在的社会特征。据有关资料显示,新加坡人口中,华人约占76%,马来人约占15.1%,印度人约占6.5%,其他人口占2.4%。在这2.4%的其他人口中,欧洲人占44.9%,欧亚人占19.7%,日本人占14.7%,阿拉伯人占4.8%。[1]

在殖民地时代,新加坡各种族虽然生活在同一社会环境中,但他们都保留着各自的宗教信仰、文化传统、生活方式和社会习俗。人们的日常活动都以本族宗乡会馆为据点,能同时包容不同种族活动的场所缺失。民众的康乐活动更是少之又少,卖面小贩的敲竹声此起彼落,是夜晚里悦耳的乐声。失学青年用追求冒险、恋爱来打发时间,他们找了私会党。那时很少有戏院,没有电视,很少有娱乐设施。即使有体育设备也全由操英语的人士霸占。人们的生活环境更是差得出奇。马里士他、勿洛北、河水山、菜市、芽笼等地尽是"亚答"屋区,聚居着成千上万的居民,他们与贫穷、

---

[1] 郑维川.新加坡治国之道[M].北京:中国社会科学出版社,1996:7.

疾病、淫秽和犯罪结下了不解之缘。贫民区里，孩子们在煤油灯下读书，到公共水龙头上喝水，唯一的康乐活动就是漫无目的地"疯跑"。民众生活孤苦且无所事事，这正是殖民政府的悲哀之所在。

其实，新加坡的年轻人，跟世界其他各地的年轻人一样，都有过快乐、积极及有意义的生活的愿望。沉闷、单调及空虚的感觉将给他们的生活带来真空，这对整个社会而言将是有百害而无一利的。为了改变这种现状，迫切需要有专门的机构来推动民众进行健康娱乐的活动。这种需求的存在，催生了新加坡的基层组织。

基层组织有魅力

成立各种基层组织，是人民行动党政府协助青年参与积极而有意义的健康娱乐活动的重要创举。1963年2月15日下午，联络所里50个方形的箱子里发出闪闪荧光，映出活生生的电视片，[①]原来电视机登场了。当年，失业潮澎湃，只有少数家庭买得起电视机。因此，当电视机在联络所出现后，人们便潮水般涌向联络所。每天晚上，一家大小匆匆忙忙吃过晚餐，把大门锁上，奔向就近的联络所观赏电视节目。此外，联络所还举办缝纫、烹调、美容、摄影等各种培训班。据统计，从1961年至1964年，平均每年约有4500人参加各种课程；从1965年开始，参加者剧增，到1969年，约有1万人参加各种课程；到1979—1980年间，约有37,000人

---

①杰基·山姆.人民协会20年回顾[M].新加坡：加冷人民协会出版社,1980：82.

参加。①在乡郊区，人民协会的主要活动就是举行文娱演出，也就是后来的"巡回文娱表演"。文娱晚会上，呈献各民族的歌曲和舞蹈。在1961年，许多人还是第一次接触到其他民族的文化。这一类的演出，把音乐和欢乐带到乡村选区，也让人们，特别是孩子们认识到人民协会四个环的徽章是娱乐和欢笑的象征。

随着新加坡独立后年轻一代的成长，他们已不再满足于本族的各种纪念活动。新加坡成千上万的不同种族的年轻人，和世界上其他地方的年轻人一样，希望生活中多点活动、多点快乐；沉闷、单调和空虚的生活，这不是他们想要的。为了唤起年轻人对生活、对国家的热爱，必须吸引他们参加更多的集体康乐和社会活动，并提供选择和训练人民当中天生的下层领袖的机会。于是，人民协会成立后推出了一系列康乐活动。李光耀指出："人民协会的活动，能够为余暇时间带来更大的意义，在普及康乐活动方面的努力，能够帮助人民紧密地团结在一起，打破那种隔离人民的语言与文化藩篱。人民协会能够使更多的人民，懂得怎样好好地利用他们的空闲时间，使生活变得更有意义和价值。"②此前，当劳工兼律政部长贝恩在阐明政府设立人民协会的主旨时，也指出要和劳工与律政部联谊所密切合作，以推进本邦的青年活动，借此培养青年的国家意识。同时，又可以让各种族青年通过各种活动当中的接触，冲破种族的界限，从而融洽相

---

① 杰基·山姆.人民协会20年回顾[M].新加坡:加冷人民协会出版社,1980:84.
② 普及群众康乐活动 人民协会正式成立[N].南洋商报,1960-08-21（3）.

处。也正是在这样的康乐需求下，各基层组织在新加坡得以先后出现。

四、迎合国际潮流的需要：新加坡也有民主

长期以来，一些西方媒体把新加坡列为不民主的国家，一些学者对新加坡的民主状况也颇有微词。塞缪尔·P.亨廷顿（S.P.Huntington）就曾直言："把产油国作为特例放在一边，世界上最富的国家除新加坡外，都是民主国家。"[1]当今世界，民主有很多形式。其实，新加坡也有民主，但这种民主不是一幕幕的厮打闹剧，不是一场场的煽情游说，不是一轮轮的媒体轰炸，也不是一次次的人身攻击。新加坡民主的形式超脱了上述种种藩篱，与所谓的"民主"很不一样。李光耀一向倡导精英治国，要让普通民众参与国家治理，在人民行动党执掌政权的情况下不太可能成为现实；但是，如果让民众参与到各基层组织的管理当中，这既不会违背精英治国的策略，又迎合了民主化浪潮下扩大参与的呼声，为民众参与开辟了新的渠道，可谓一举多得。于是，在政府引领下，基层组织在新加坡得以产生。

---

[1] 塞缪尔·P.亨廷顿.第三波——20世纪后期民主化浪潮[M].上海：上海三联书店，1998：4.

全球社团革命影响

新加坡基层组织的出现，深受全球社团革命影响。从 20 世纪中期起，在全球范围内出现了一个突出的新现象，即大量的非政府、非营利的社团组织蓬勃兴起，这些组织在世界各国乃至国际社会的各个领域发挥着日渐重要的作用。研究这种非政府组织的权威、美国霍普金斯大学的莱斯特·赛拉蒙（Lester Salamon）教授称其为"全球社团革命"。导致这一革命兴起最主要的原因有下面两个：首先是"政府失灵"和"市场失灵"造成的危机。传统的公共行政与公共管理中，一直存在着"政府管制"和"市场机制"这两种相互对立的思维定式，即强调政府和市场非此即彼的作用，比较忽视社会参与的重要性。但是，一方面，政府决策只能实现部分选民的愿望，而不能满足每一个人对公共物品的需要，政府在提供公共物品方面也存在着浪费和低效率的问题；另一方面，由于公共物品存在效用的不可分割性、消费的非排他性以及取得方式的非竞争性，导致公共物品"搭便车"现象严重，并进而形成与市场机制的矛盾。因此，非政府组织应运而生，它以其高效、灵活的特点，补充了政府在公共物品提供方面的不足，同时打破了政府提供公共物品的垄断性，并成为督促政府进行改革的外部动力。其次，非政府组织以其非营利的特性，以良好的社会形象补充了市场的功能。因此，非政府组织被喻为政府和市场之外的第三部门，许多学者因此认为非政府组织的繁荣是社会民主文明的标志之一。市场和国家之外的非政府组织得到了空前的发展。从欧美发达国家到亚洲、非洲和拉美的发展中国家，各种社团、草根组织和其他类似的组织纷纷创立，以追求此前国家和市场的力量未曾实现的目标。

社团革命的浪潮也不停地拍打着新加坡社会的堤岸。人民行动党于1959年上台执政以后，日益感到新加坡社团组织的兴起已无法阻挡，但考虑到新加坡的现实国情，人民行动党政府又不可能任由各种社团组织像西方社会那样自由发展；政府迫切需要一种准政府性的组织来引领新加坡社团组织的走向，在这样一种背景下，基层组织便应运而生了。

民主化浪潮冲击

新加坡基层组织的出现，也是世界民主化浪潮作用的结果。按照美国政治学家塞缪尔·P.亨廷顿的观点，从20世纪70年代起，第三次民主化浪潮开始汹涌澎湃，席卷全球。1974年，第三次民主化浪潮从欧洲南端涌起，葡萄牙、西班牙和希腊这三个欧洲最后的威权主义政权相继垮台。20世纪70年代末，民主化浪潮蔓延到葡萄牙和西班牙的前殖民地拉丁美洲，一个接一个的军人政权还政于民；到80年代末，这片大陆已基本实现了民主化。80年代中期，民主化浪潮涌入东亚，菲律宾、韩国等威权主义国家实现了向民主的过渡。80年代末和90年代初，它又迅速席卷了苏联和东欧地区，使这些国家相继走上了西方式的议会民主道路。从70年代中后期开始，强烈敌视西方文化的"中东–

伊斯兰教"世界也受到了民主化浪潮的强劲冲击，一批国家建立了半民主的政治制度。除了由威权主义向民主政体的转变外，原有的一些民主国家进行了深化民主的改革，还有一些威权主义政权实行了自由化的改革，或松动了威权主义的统治。结果涌现出一批"准民主""半民主"的或"软威权主义"的政权。在另一些国家里，强大的民主势力与威权主义政权处于尖锐的对峙中。在第三次民主化浪潮的20余年中，实现了向民主过渡或进行了民主化改革的国家遍及全球。从地域上，它涉及亚洲内陆草原的蒙古、高原之邦的尼泊尔，也包括热带非洲国家；从文化类型上，世界各种文化如基督教文化、儒家文化、伊比利亚文化（拉丁美洲）、伊斯兰教文化、黑非洲文化等无一例外；从发展水平上，它囊括了作为超级大国的苏联，实现了经济腾飞的韩国，也将一批最不发达国家裹挟其中。在这股浪潮中，经济成功带来民主，经济失败和危机也导致民主；和平改革叩开了民主的大门，高压政策也为民主催生；甚至一些偶发事件都成为转向民主的契机。总之，几乎所有的政治变动都指向民主，各种威权主义政体都以民主为归宿。经过第三次民主化浪潮的冲击，人类的政治生活进入了一个新的时代。

众所周知，一个民族国家的民主发展与世界民主化浪潮是密切相关的、互动的，在第三波民主化浪潮的有力冲击下，新加坡不可能超然于如此强劲的世界潮流之外，无论被动还是主动都必须与世界同步，接受自由平等的理念，认同民主的价值观。有人也许会说，新加坡民主的出现，是历史巧合；我想说的是，新加坡民主的出现，虽有全球民主化浪潮的影响，但更多的是历史渊源使然。回顾过去，新加坡在自治和独立之初，恰好接手的是一院制的议会民主体制，恰逢出现了以李光耀为代表的、愿意并且能够驾驭、改造和完善这一体制的第一代领导人。同时，这一代开国元勋又恰巧是一批忠实于民主精神，身体力行，带头实践和维护民主原则的人。我们很难想象，如果新加坡缺少了这种种恰巧的因素，它是否还会有今天的模式和成功。

但是，从另一角度看，新加坡民主的出现，更多的是一种必然，是一种随时代的起舞。现代信息技术、媒体和交通工具，已经无法让任何人独占和控制信息，也无法阻止人们看到和听到这个世界还有其他的生存方式和民主模式。科学和技术在史无前例地改变我们生活的同时，也在史无前例地增强着这个世界上每一个个体对自身权益保护和追求的意识。新加坡民主的文明、理性、务实和真切，其重视民主实质、注重民生要求、强调长期行动、坚持节俭作风的特点，特别符合人们心目中对民主理想状态的诉求。

新加坡基层组织的出现，正是新加坡民主不可或缺的一部分。民主的过程再精彩纷呈、公平公正，但如果民主不能产生让民众可以切身感受的实际效果，其根本的意义也会消失殆尽。新加坡40多年的民主政治，不仅基本解决了就业、住房、教育、医疗、公共交通等重大事项上的全民获利问题，将新加坡人民从贫穷的第三世界带到世界最发达、人均财富最多的国家之一，更重要的是让每一位百姓可以在日常的生活中，获得"民主"的关注，得到"民主"的帮助，民意可以被随时听取，民情可以被随时疏通。

新加坡基层组织的出现，从某种意义上说正是新加坡民主过程中政府体察民情、听取民意的重要工具。

第二节
角色塑造：新加坡基层组织的发展历程

角色塑造本质上就是角色性格的塑造，或者说是角色脸谱的塑造。说到角色塑造，导演的作用不可或缺。新加坡各基层组织的角色形成过程也离不开"导演"的精心指导。在新加坡基层组织的发展历程中，人民行动党政府这位总导演根据客观形势的需要，先后成功地塑造了人民协会、民众联络所、公民咨询委员会和居民委员会等一系列"脸谱"。

一、人民协会：基层组织的"大管家"

1960年6月，人民协会作为一个旨在促进种族和谐、加强社会凝聚力的法定机构而成立。最初，人协只负责管理民众联络所及民众联络所管理委员会，自20世纪90年代起，人协接管了所有的社会基层组织，成为社会基层组织管理的总机构，是新加坡社会基层组织的中枢神经。

《人民协会》法案的提出

1960年4月6日，时任新加坡劳工兼律政部长的贝恩在立法议会提出了一项称为《人民协会》的法案，旨在设立一个法定机构来推动社区消闲活动，同时把"新加坡青年体育中心"的资产转移给这个新的法定机构。

5月13日，法案在立法议会辩论并通过。贝恩在解释这一法案的提出动机时指出，当他于1959年6月出任劳工兼律政部长时，他惊奇地发现，过去原本属于社会福利部管理的社区消闲处，不知何故竟被前政府交给亚洲基金会管理，具体负责单位是青年体育中心。此外，他也发现，过去由政府兴建和拥有的民众联络所和青年俱乐部，竟然也被交给一些社区团体和咨询委员会管理，而这些团体又是控制在一些同前政府有密切关系的人手中，这些人都曾在大选中出来竞选，但都落败了。社会福利部对民众联络所的管理权可谓名存实亡。贝恩认为这种情况不能再持续下去了，于是下令社会福利部重新接管所有的联络所和青年俱乐部。这项工作于1959年底完成，接下来人民行动党政府要做的工作是要把管理这些联络所和俱乐部的人组织起来。贝恩在结束二读发言时说："政府深信，随着人协的设立，各民众联络所和青少年俱乐部将成为受民众欢迎的机构，而它们将能把我们的不同种族的人民融合在一起，协助我们的建国任务。因此，人协的设立是刻不容缓的。"①

其实，在人协法案通过前的 4 月 25 日，李光耀在全国消闲中心主办的第一届领袖训练课程开课仪式上发言时就强调："（政府）必须时刻同人民保持联系，这么做不只是要了解他们的疾苦，同时也是要把他们组织起来，向他们灌输对建设我们的社会有帮助的各种社会意识。"人民行动党要更加接近群众，人协将协助它在民众联络所举办各种活动，让民众参与，以此来实现自己的目标，扭转过去政府与人民隔绝的状态。

1960 年 7 月 1 日，人民协会正式成立。《人民协会法案》规定，人协将设立一个由 14 人组成的董事会作为领导机构，董事会主席由政府总理兼任，其他成员由主席委任；首届人协董事会由李光耀担任主席，副主席是劳工兼律政部长贝恩，财政是财政部长吴庆瑞，财政兼秘书是社会福利厅长温华想，委员有内政部长王邦文，总理政务次长陈新嵘，卫生部政务次长盛南君，总理公署政治秘书易润堂，文化部政治秘书拉欣依萨，工务局长伍华卿，奥林匹克及体育理事会的 A.T. 拉惹，福利协会的波斯威尔夫人，马大学生会的 P. 马丁，少年俱乐部总会的吴炳伟。②

经过 50 多年的逐渐发展和演进，人协现在已经形成了一个非常成熟和严密的组织系统，其内部结构分为三层，见图 1-1 所示。

---

① 转引自：吴俊刚，李小林.李光耀与基层组织[M].新加坡：胜利出版私人有限公司，2000：15.
② 普及群众康乐活动 人民协会正式成立[N].南洋商报，1960-08-21（3）.

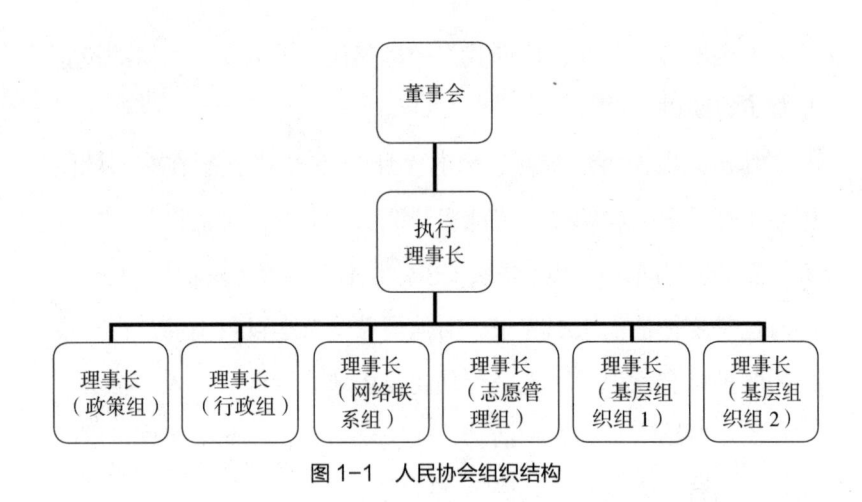

```
                    ┌─────────┐
                    │  董事会  │
                    └────┬────┘
                         │
                    ┌────┴────┐
                    │  执行   │
                    │ 理事长  │
                    └────┬────┘
    ┌──────┬──────┬──────┼──────┬──────┐
  理事长  理事长  理事长  理事长  理事长  理事长
 (政策组)(行政组)(网络联 (志愿管 (基层组 (基层组
                  系组)   理组)  织组1) 织组2)
```

图 1-1　人民协会组织结构

上层是董事会。它是人协最高领导和决策机构，其构成为主席一人、副主席一人及十二位董事。根据《人民协会法令》第 4 及第 5 条的规定，新加坡总理为理所当然的主席，副主席则由总理从部长中任命，由主席任命八位董事（其中一位将被任命为财政兼秘书）。另外，由人协团体会员在人协大会上从内部再推举出四名董事。以上人员的任期为三年且可以连任，这种固定的任职期限设置的初衷，是让他们的行为和决定不为政治势力所影响。

第二层是执行理事长。执行理事长往往由人协的财政兼秘书来担任，主要负责人民协会的日常行政活动。

第三层是人民协会下属各"职能部门"。根据人民协会实现宗旨的需要，人民协会现在设有五大"职能部门"（六大组成部分）来执行各项政策（见图1-1）。

这种分工明确、职责清晰的组织系统，不仅使得人民协会各组成部分之间能够合作协调，信息共享，减少内部交易成本，更使得人民协会得以统领新加坡所有社会团体的活动，实现其总枢纽的功能，从而更好地实现其"一个民族、一个新加坡"的宗旨。

人协权力"膨胀"之路

人民协会管理的基层组织经历了一个从少到多的过程。成立初期的人民协会只负责管理联络所。1994年4月29日，在人民协会召开第一届三年一度的全国基层组织研讨会前夕，人协被赋予更大的任务，接管所有的基层组织，包括公民咨询委员会和居民委员会；原属社会发展部的社会防卫和社区关系组与人民协会合并。时至今日，人民协会已被塑造成了新加坡各基层组织的"参谋总部"。

人协下属机构也经历了一个由寡到众的过程。目前，人协下属机构包括社会基层组织网络、社区发展理事会、国家青年理事会、国家社区领袖培训学院、外展训练中心、"水上探险"及民众联络所等。此外，人协还拥有80多个团体会员，若干个合作伙伴。其中，社会基层组织网络负责协助人协发起和提供各式各样的项目和服务，以满足新加坡各界人士的需求及利益，以实现人协"融合民众，连接社区，实现一个民族，一个新加坡"的使命，是人协向社区和民众提供服务的主体力量。社区发展理事会是1997年成立的一个公共服务组织，其任务是充当所属区域的地方行政部门而发起、策划和管理社区计划，以促进社区融合与社会和谐。它协调及领导公民咨询委员会、联络所管理委员会及居民委员会，同时也与其他社区及福利团体合作推出社会服务。社理会（即社区发展理事会）也必须处理保健基金和公共援助金的申请，并管理社会服务基础设施，以及教育储蓄奖学金和助学金、大学及理工学院助学金及贷学金等。目前，新加坡东北、东南、西北、西南、中区等五个行政区，分别设立一个社区发展理事会，由市长进行管理。国家青年理事会是一个由诸多政府部长、青年团体、学术机构、志愿福利团体、媒体及私人机构等组成的青年管理机构，其目标是为青年营造一个充满活力的发展环境。国家社区领袖培训学院是专为培训基层领袖领导能力，及提高专业人员的实践能力而设的国家级继续教育学院。自1964年成立以来，该学院一直承担培养、提升基层领袖能力的重要使命，拥有高素质的人才是新加坡社会基层组织良好成长的关键因素。外展训练中心是一个主要通过户外教育及探险等活动而培养个人或团体的自信心、团队精神的组织。"水上探险"组织主要是通过开展各式各样的水陆活动来促进社区结合力，推广健康的生活方式，丰富新加坡人的生活。

人民协会组织系统图（1965）

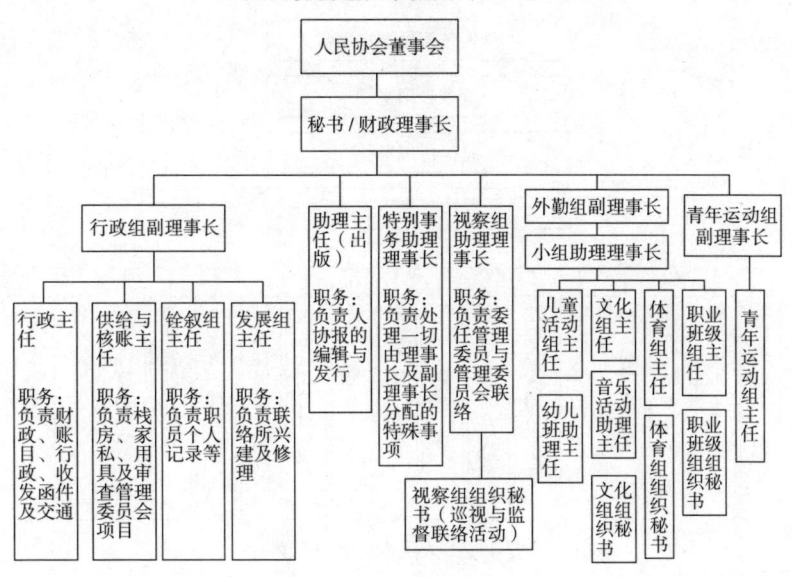

- 人民协会董事会
  - 秘书/财政理事长
    - 行政组副理事长
      - 行政主任
        - 职务：负责财政、账目、行政、收发函件及交通
      - 供给与核账主任
        - 职务：负责栈房、家私、用具及审查管理委员会项目
      - 铨叙组主任
        - 职务：负责职员个人记录等
      - 发展组主任
        - 职务：负责联络所兴修及建造
    - 助理主任（出版）
      - 职务：负责人协报的编辑与发行
    - 特别事务助理理事长
      - 职务：负责处理一切由事副理长及委理长分配的特殊事项
    - 视察组助理理事长
      - 职务：负责管理委员会委员会联络
      - 视察组组织秘书（巡视与监督联络活动）
    - 外勤组副理事长
      - 小组助理理事长
        - 儿童活动组主任
        - 幼儿班助理主任
        - 文化组主任
        - 音乐活动助理主任
        - 文化组组织秘书
        - 体育组主任
        - 体育组组织秘书
    - 青年运动组副理事长
      - 职业班组主任
      - 青年运动组主任
      - 职业班组组织秘书

人民协会组织系统图（1997）

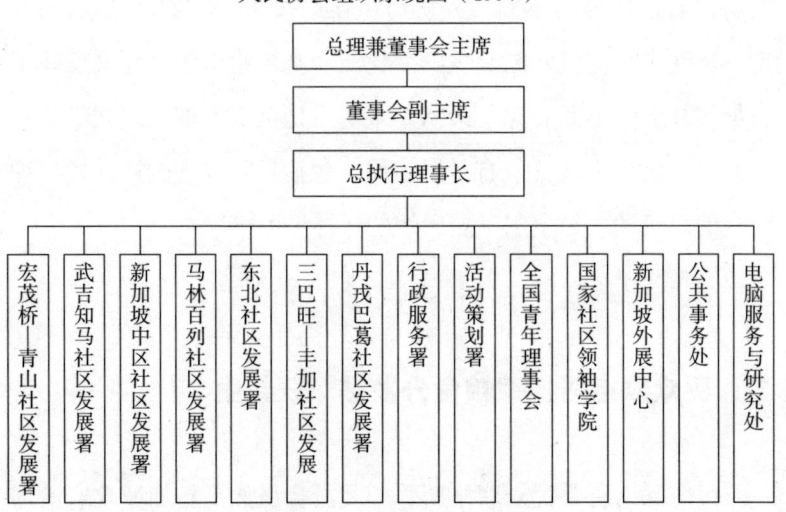

- 总理兼董事会主席
  - 董事会副主席
    - 总执行理事长
      - 宏茂桥—青山社区发展署
      - 武吉知马社区发展署
      - 新加坡中区社区发展署
      - 马林百列社区发展署
      - 东北社区发展署
      - 三巴旺—丰加社区发展署
      - 丹戎巴葛社区发展署
      - 行政服务署
      - 活动策划署
      - 全国青年理事会
      - 国家社区领袖学院
      - 新加坡外展中心
      - 公共事务处
      - 电脑服务与研究处

人民协会组织系统图（2000）

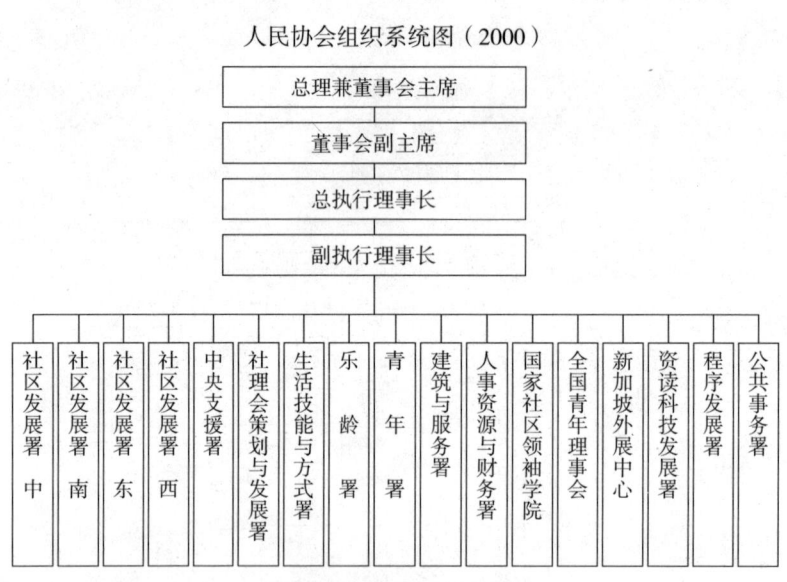

```
                    总理兼董事会主席
                         │
                    董事会副主席
                         │
                    总执行理事长
                         │
                    副执行理事长
                         │
  ┌────┬────┬────┬────┬────┬────┬────┬────┬────┬────┬────┬────┐
社区  社区  社区  中央  社理  生活  青   建筑  人事  国家  全国  新加  资读  程序  公共
发展  发展  发展  支援  会策  技能  年   与服  资源  社区  青年  坡外  科技  发展  事务
署    署    署    署    划与  与方  署   务署   与财  领袖  理事  展中  发展  署    署
中    南    东    西    发展  式署          务署   学院  会    心    署
            　　　　　　署
```

图 1-2 人民协会组织系统

对照上述 1965 年、1997 年和 2000 年人民协会组织图，我们可以看出明显的不同。人协组织在过去 30 多年里所经历的改变，反映了新加坡基层组织的变化，而基层组织的变化又反映了新加坡社会的不断变化。最初，人协只是负责管理民众联络所；现在，它已成为统管所有基层组织，包括最新成立的社区发展理事会的总机构，是全国基层组织的"神经中枢"。

二、民众联络所："粮食分发站"获新生

民众联络所及民众联络所管理委员会虽然是新加坡政府治国

环节中重要的一环,但这些组织的首创者并不是人民行动党政府,而是在殖民地时代便已出现,不过是在人民行动党1959年执政后,才逐渐被塑造成遍布全国的基层组织,并使之成为新加坡社区生活中不可分割的一部分。

联络所的"前世"

要了解民众联络所首先要明了它的前世今生。探究联络所的"前世"需要回溯到第二次世界大战结束,即日本于1945年投降的时候。日本战败后,英国人重回东南亚,联络所的概念就滥觞于1945年9月英国人重返新加坡后不久设立的粮食分发站。

日本投降后,英国重返这一度被誉为"攻不破的堡垒"——新加坡。可当时的景象让英国人大为震惊:岛上被洗劫一空,破败不堪;岛上的居民食不果腹,骨瘦如柴。许多人更因营养不良,患上了脚气病以及其他一些疾病。英国人非常清楚,要重建新加坡就必须先喂饱当地的居民。为此,英国军政局便在全岛设立粮食分发站。战后新加坡迅速恢复起来,温饱问题已经显得没那么迫切,适龄儿童求学成为一大难题,粮食分发站的作用随之下降。

1946年,为了让儿童有上学机会,英国人恢复了原有的几家学校,同时也把一些粮食分发站改建为学童中心。由社会福利部、公共工程局和乡村局等机构管辖的学童中心,在以后几年逐渐演变成联络所。1951年,新加坡信托局在中峇鲁住宅区兴建了第一间民众联络所,由当地上流社会的受英文教育者组成委员会进行管理。1953年，政府社会福利部第一次在实乞纳兴建了由政府派人管理的联络所。1956年，由乡村局首次兴建的波那维士达联络所，由当时的总督主持开幕。此外，一些团体如扶轮社、青年商会等也赞助兴建了几间联络所。民众联络所以各种各样的形式存在着，有些是由当时的社会福利部直接兴建的"标准型联络所"，并且由借调自该部的职员充当联络所的所长；有些则是社会福利部向改良信托局租用房子改装为联络所，但不直接管辖，主要由参与联络所的人自己选举出管理委员会进行管理；此外，还有一些由当时的乡村局在乡村建立的联络所及少数由民众自己筹资兴建的联络所，主要由社会福利部提供一些职员，由地方上的领导负责管理。虽然这些联络所都或多或少与社会福利部有些联系，但基本上都是各自为政，毫无系统可言，管理上经常出现问题。再加上正值反殖民主义高潮迭起的年代，殖民政府及后来的林有福政府都无暇顾及联络所的发展，社会福利部与民众联络所的联系随之渐渐中断。

　　总之，这些联络所在成立初期有政府选派出专门的指导员负责主办缝纫、烹饪、英文班和组织游戏及户外活动等。但是，后来由于当局缺乏训练有素的人员来进行管理，并且它们大多设立在远离民众的地方，所以，这些活动场所逐渐被上层阶级人士掌控，成为他们的"私人别墅"，民众根本没有享受到康乐活动。不过，这些早期联络所的创办形式和管理模式为后来行动党重建联络所及管委会孕育了雏形，更留下了正反两方面的经验教训。

联络所的"今生"

1959年，人民行动党上台执政后，立即着手巩固政权和进行社会重塑。李光耀等人民行动党领导人认为，脱离群众是殖民政府及林有福政府的一大致命伤。因此，人民行动党上台后，便刻意要使新政府接近人民大众，而联络所被认为是一种亲民的很好的手段。首先，人民行动党政府大力整饬从前政府手中接管的社会福利部。此时的社会福利部已被前政府搞得名存实亡。原属社会福利部管理的社区消闲处、民众联络所和青年俱乐部都被一些参选失败且与前政府有密切联系的人掌握着，一切康乐活动都没有开展。这样，联络所不仅无法运作，无法服务民众，更存在极大的政治危险。因此，人民行动党政府下令社会福利部重新接管所有联络所和青年俱乐部，并把这些社会基层组织的管理人员组织起来参加培训。接着，人民行动党政府又大力扩建民众联络所，并为民众提供各种服务。

1960年1月9日，人民行动党政府兴建的第一间民众联络所——民多路联络所成立。李光耀为该联络所主持开幕典礼时宣称，"自治邦政府决定在全岛各地大事扩建联络所，每月将有一间新所落成……劳工与律政部为了使所有联络所的工作有效地进行，决定派遣受过训练的管理员，协助各区人民领袖推出多姿多彩及有人情味的康乐活动项目。但是我们的民众康乐计划的成功，最后还是取决于人民本身。国家将提供各种设备及起码的管理人员，有效地去管理和维持这些联络所的工作，但领导以及对社区的友谊和归宿感则须来自你们大家。我深信民多路一带的居民有足够的领袖，能充分利用劳工与律政部属下的社会福利厅所提供的这些设备"。① 此番讲话，不仅揭示出人民行动党决心欲借兴建联络所来打破人们间的各种隔阂，并提供休闲活动以实现该党为民众服务的纲领，也透露出该政府决心扩大民众参与，让社区参与联络所管理的思想。不过，这种想法并没有立即付诸实施或具体化，因为，在当时那个"谈政色变"的社会现实中，政府首先需要一个非政府机构来代替社会福利厅这个官方机构去与民众接触，启动联络所的运作进而动员民众参与管理。于是便想到了人民协会，由人协来统领各联络所，并充当沟通政府与民众的桥梁。

　　人民协会成立后很快从社会福利厅手中接管了所有联络所。各联络所由人协指派职员负责管理。李光耀作为人协主席，为民众联络所确立了新的使命，即"普及各种康乐活动，并在这个过程中发掘、培养和训练基层领袖，为社区服务"。此时，第一批联络所所长已经诞生，那就是首批接受过密集训练课程、参加过外展训练并上过政治课的联络所管理人员。这些所长很快就成为最受民众欢迎的基层领袖：一夜间，他们变成了婚姻顾问，写信人，为吵架的邻居排解纠纷和做调解、法律顾问、政府公函的翻译员、临时工、教师、职业介绍人、计划拟订者、体育训练员、青年领袖，"能排除万难"的人。此外，他们还是解决少年犯罪及私会

---

① 转引自：吴俊刚，李小林.李光耀与基层组织[M].新加坡：胜利出版私人有限公司，2000：65-66.

党滋事问题,稳定新加坡社会秩序的主要力量之一:每一位所长都发现他必须以不同的方式跟该地区的私会党头目和平共处,既不能向他们屈服,又不能让这些流氓丢脸。在今天,许多人都会觉得这是难以置信的。人协接管后的联络所在开始的一年里发展得既顺利又迅速,各个新所也在不断兴建。到1961年7月1日人民协会成立时为止,新加坡共有28间联络所。人民协会成立后,接管了这所有28间联络所并加以整顿组织,建所计划加速进行。不过,这种良好的态势并没有维持多久。1961年,人民协会和民众联络所卷入了行动党与社会主义阵线(简称"社阵")间政治斗争的旋涡,在"社阵"的鼓动下,大批职员罢工,一切陷入混乱状态。

时代的巨轮不断向前转动,新加坡最具特色的民众联络所也随着时代的巨轮,从20世纪70年代板锌建成的联络所迈入20世纪90年代一个全新的时期。为了适应新加坡社会与经济的迅速发展,为了给民众提供更完善的设备和更好的服务,从20世纪90年代开始,一些大型的现代化民众联络所相继改名为民众俱乐部。这样做不但能提高民众联络所的形象,也给予会员一种共有和共享的意识,同时也可以激励联络所管理委员会和职员为民众提供更多更好的康乐活动,以迎合新加坡各阶层人士要求更高素质、更多样化文化活动的期望。进入20世纪90年代的新加坡,似乎并没有什么特别的政治课题。20世纪60年代那种政治斗争对一般人来说,已经是很遥远的事了。加上人们的教育水准与文化基础、生活水平与生活方式的改变,民众联络所如果要得到新一代国民的认同，就必须有新的内容与新的形象；将一部分规模较大的民众联络所提升为名实相符的民众俱乐部，恰好可以反映这个社会新兴中产阶级的身份与愿望，吸引因生活水平提高而消遣品位改变的民众。为了配合时代的潮流，1990年7月1日、4日和14日，实龙岗花园、凤山及马林百列三间联络所率先易名为俱乐部。①

联络所的"新领导"

人民行动党政府上台初期，联络所由社会福利厅掌管。人民协会成立后，很快成了联络所的"领导"。为了让民众参与联络所的管理工作，人民行动党政府又有意识地为联络所塑造了"新领导"——联络所管理委员会。

说起联络所管理委员会，还得从大批人协和联络所职员罢工的时候谈起。那时，罢工者采取恐吓、阻拦、破坏等手段扰乱联络所的正常运行，甚至非法限制联络所及工作人员自由的这些做法逐渐引起民众的厌恶，许多社区民众挺身而出，以志愿者的身份协助管理联络所，甚至同罢工者对峙，社区的力量凸显出来。这批支持者在罢工结束后，仍然以非正式的管委会方式继续存在，协助联络所的运作，这为人民协会正式建立管委会奠定了基础。经过罢工事件，人民协会和联络所行政管理及运作上的

---

①邓开平.联络所变俱乐部[N].联合早报，1990-07-01（12）.

弱点都暴露了出来，为此，人协主席李光耀指派吴庆瑞出任副主席，并责成其全权负责人协的改组。通过对 12 个在市区和乡村区联络所的运作进行研究分析，人协决定成立民众联络所管理委员会。

在正式成立民众联络所管理委员会之前，人民协会先拟定了管委会章程，阐明管委会的职责，并设立一个由若干人协理事及立法议员组成的特别委员会，负责管委人选的审查和过滤工作，然后交由人协副主席亲自委任。

在对每一位地方领袖的背景详加调查考核后，第一批民众联络所管理委员会于 1964 年 10 月获得委任，并且由人协副主席吴庆瑞于 11 月 2 日在人协总部礼堂亲自主持首批管委会委员的委任仪式。在致辞时，吴庆瑞明确指出了管委会的职责范围、管委会与人协间的关系。他说："管委会正式成立后，它将负责在联络所开展各项活动。过去，这些活动是人协总部指示下通过联络所受薪职员进行的。在新的制度下，管委会有权在人协的一般性政策范围内做决定。管委会将从人协得到固定的财政津贴，用来偿付联络所的某些开销。他们也有权向公众人士募捐，并将捐款作为某项特定用途"，"人协的新政策是要能干的社会工作专业职员。职员必须具有适当的教育资格，并将在伯纳维斯中心接受严格的训练。联络所的职员是人协的雇员，他们的责任是协助管委执行管理联络所的工作"[1]。1965 年 1 月 16 日，第二批 21 个

---

[1] 转引自：吴俊刚，李小林.李光耀与基层组织[M].新加坡：胜利出版私人有限公司，2000：68.

民众联络所管理委员会受任。同年8月3日，另外44个管委会受任，之后，所有联络所都相继成立了管委会。人协、联络所和社区之间终于又重新建立起联系，但这是一种新的联系，也是真正的联系，同20世纪50年代的情况是迥然不同的。这种新的联系使联络所的发展获得极大的生命力，也使联络所成为今日新加坡社区活动中不可分割的一部分。

民众联络所管理委员会是代替人民协会建设、管理及维护新加坡民众联络所的一种组织。民众联络所是为各行各业居民提供众多娱乐活动及学习机会的一种大众活动场所，通过定期举行会议，策划和组织能够满足居民需求和利益的方案，将人们聚集到民众联络所，见面、交流、交友，分享共同的兴趣爱好。目前，新加坡每个民众联络所大约为15,000户家庭或平均50,000人口服务，而每个选区则设一到两个民众联络所管理委员会。根据《民众联络所管理委员会章程》第3条的规定，该委员会的任务是：代表人民协会管理民众联络所；为民众联络所附近之居民推动社交、文化、教育、体育及康乐活动；传达政府之政策，并将民众联络所附近居民之需求与愿望转达给政府；促使民众联络所附近之居民成为好公民。该管委会主要通过组织各种文化、教育、娱乐、体育、社会及其他为居民特殊准备的社区活动来促进种族和谐、增强社会凝聚力。此外，还负责管理民众联络所，确保民众联络所及时更新以满足民众的期望和需求，并为社区居民组织富有娱乐性和创新性的课程及活动。

民众联络所管理委员会下设有乐龄（即老年人）执行委员会、

妇女执行委员会、青年执行委员会、马来活动执行委员会和印族活动执行委员会等（见图1-3）。

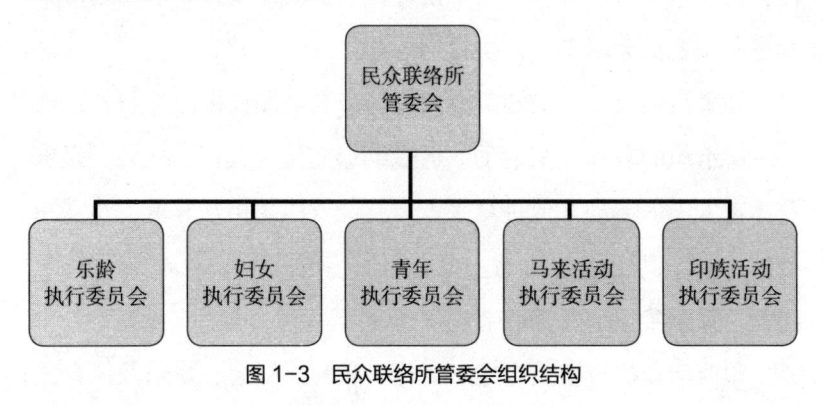

```
              ┌──────────────┐
              │ 民众联络所   │
              │   管委会     │
              └──────┬───────┘
   ┌──────┬─────────┼─────────┬──────────┐
┌──┴──┐┌──┴──┐┌────┴─┐┌──────┴──┐┌──────┴──┐
│乐龄 ││妇女 ││青年  ││马来活动 ││印族活动 │
│执行 ││执行 ││执行  ││执行     ││执行     │
│委员会││委员会││委员会││委员会   ││委员会   │
└─────┘└─────┘└──────┘└─────────┘└─────────┘
```

图1-3　民众联络所管委会组织结构

　　乐龄执行委员会策划和组织一系列广泛的活动和课程以丰富老年人的生活。包括艺术和文化，高品质的生活方式，终身学习，体育运动及健身计划，等等。目的是引导老年人过积极、健康有意义的社区生活。

　　妇女执行委员会在鼓励各界妇女人士促进社区融合，培养领导素质及帮助较不幸人士方面发挥着重要作用。该执委会所组织的事项和活动为那些志同道合的人联系、沟通及建立新的友谊提供了公共空间，并促进了社区和谐。其目标是在各种族妇女间建立起紧密的联系；使得妇女及其家人的需求及利益能够在活动和项目中得到满足；为妇女参与社区及国家事务创造机会。

　　青年执行委员会是民众联络所青年组的管理机构。为深入到青年中去，该执委会组织一系列广泛的活动和项目，从体育到娱乐，再到文化、艺术及社区服务等方方面面。其作用有：为青年制定方案并建立相关运行小组；与民众联络所管理委员会及其他社会基层组织密切合作，组织推进社区发展计划；联系其他青年联络所及委员会以支持人协青年运动。

马来活动执行委员会负责促进马来人更加积极地参与各种社会基层组织的管理及其活动。通过组织文化、教育、社会、娱乐及体育方面的活动来促进马来人与其他群体间相互尊重，建立和谐的关系。其组织的活动主要有印尼传统武术 Pencak Silat 教学课程，舞蹈工作坊及开斋节庆祝活动等。

印族活动执行委员会组织文化、教育、社会、娱乐及体育活动以促进印族与其他群体间的互重互敬，建立和谐的关系。该执委会与其他社会基层组织紧密合作，为印族及其他新加坡人开拓交流与相互了解创造了机会。

民众联络所管理委员会由 10—35 位委员组成，包括执行理事长或其授权代表，青年执行委员会主席，妇女执行委员会主席及乐龄执行委员会主席等执委及其他委员，均由人协董事会主席或副主席委任，任期两年。该委员会的权利及其执行委员的设置等基本与公民咨询委员会相同，并且也受人协所任命的顾问的监督与指导。

三、公民咨询委员会：下乡访问的"副产品"

公民咨询委员会是扮演着重要政治角色的基层组织。自 1965 年成立以来，公民咨询委员会一直担负着向政府反映地方民意和向人民解释政府政策的任务，在促进新加坡的政治稳定方面发挥了重大的作用。

欢迎委员会

继1961年人协职员罢工事件引起的基层争夺战之后，1962年，社会主义阵线与人民行动党为了合并问题再次展开斗争。人民行动党坚持与马来亚合并以取得独立，而社会主义阵线却认为新加坡应该自身独立。为此，定下于1962年9月1日举行全民投票以决定是否与马来亚合并。人民行动党与社会主义阵线均全力以赴展开每日的拉锯宣传站。人民行动党借助人民协会进行基层动员，人协组成宣传队并以联络所为基地，向人民解释对于合并仍有争议的问题。最终，在全民投票中，政府获得压倒性胜利。这场斗争结束后，人民行动党开始着手重建因罢工事件而遭受损失的社会基层组织，并为1963年的大选做准备。

公民咨询委员会的出现可以说是这次大选准备的"副产品"，其前身是一些选区的欢迎委员会。设立公民咨询委员会的构想并不是偶然提出来的，而是李光耀下乡访问的"副产品"之一。1961年至1963年间，人民行动党的领袖们到各选区活动时，一些选区的人民行动党干部曾组织欢迎委员会负责安排各项活动。为此，李光耀拟定了别具一格而又十分有效的斗争策略，即展开一系列的选区访问。访问巡视全部51个选区绝非易事，需要事先有周全细致的筹备和安排，及一批对基层十分了解的人来为选区访问铺路。此时,人民协会发挥了巨大作用。在访问每个选区之前,人民协会职员都会和人民行动党立法议员及部分政府官员组织成一个"欢迎委员会",把地方领袖、社团代表等组织在一起。利用联络所职员与地方建立的联系及地方领袖的影响力,李光耀最初的几次访问非常成功,宣传效果极好,为访问其他选区打下了良好的基础。在欢迎委员会的陪同下,李光耀得以顺利完成所有51个区的巡视访问,并为选举的顺利进行奠定了坚实的基础。最终,行动党以31:20赢得了1963年9月的大选。

临时委员会

大选结束后,李光耀于1963年11月再次以总理身份访问选区。此次访问,目的之一在于"还愿",即检视上次访问时人民所提出的各种要求已经实现到什么程度。另外一个目的则是宣传自己打算在各选区成立公民咨询委员会的想法。至于为什么要成立公民咨询委员会,它是个什么组织,又有什么作用。他解释说,"这是要把我上次下乡巡视访问时各区成立的欢迎委员会制度化,成为永久性的委员会。暂时设立的委员会,在我访问之后就不再存在了。这样政府和人民的关系将不会密切。如果每一区有自己的委员会,就可以通过这个委员会提出人民的要求,人民在向政府提出要求之前也可以先同委员会讨论","这类委员会不只是向人民收集意见书或请愿公函,然后转达给政府,它们的工作应该是更重要的。它们将以民众联络所为根据地,并决定各方面要求的取舍。这样做就能避免浪费时间,而且通过这种办法也能更有效地履行各方面的工作"。[①]对于委员会的组织形式,他说:"每一区设一个总站,其下可以有多个小分站。遴选一些有经验和有能力的村民来主持其事。同时,总理公署也将设一个机构专门负责和这些委员会联络。"

1963年12月9日,李光耀在立法议会动议感谢元首施政方针演说时正式宣布:"在今后5年里,我的公署将有一个逐渐增长的特别部门,它将协助在每一个乡村,每一个街坊和社区设立一连串的社会基层组织。那些热衷于为同胞服务的人,将能在这些公民咨询委员会中获得工作上的满足和受到承认。"[②]此后,公民咨询委员会的成立速度加快,截至1964年1月,各选区均成立了临时委员会。1月14日,李光耀邀请了51个临时咨询委员会的150多位代表在文化馆举行会议,并亲自向他们解释咨询委员会的任务、地位、工作范围及工作方法。他特别强调公民咨询委员会是一个非政党的民间志愿工作团体,协助政府照顾人民的利益,这个组织将有独立自由思考的地位,向政府提出建设性的批评和建议,以便改善政府对人民的工作方法。

不过,临时咨询委员会成立后做的第一件事并不是处理选区事务,而是协助恢复种族和谐关系。1963年新加坡大选和1964年的马来西亚第一届大选中行动党流露出的强势,严重影响了巫

[①] 转引自:吴俊刚,李小林.李光耀与基层组织[M].新加坡:胜利出版私人有限公司,2000:80-81.
[②] 转引自:吴俊刚,李小林.李光耀与基层组织[M].新加坡:胜利出版私人有限公司,2000:82-83.

统及马华公会的安全感，种族极端分子在新加坡接连挑起两起种族冲突和暴乱。在冲突期间，各区在立法议员带领下，在临时委员会、行动党支部、联络所管委会等协助下，纷纷组成了"亲善委员会"，四处安定民心。在缓和邻里之间因恐惧造成的紧张气氛方面，咨询委员会发挥了重要的作用。

有了正式"名分"

在1963年9月举行的大选中，人民行动党在51个席位中确保了37席，虽能继续执政，但激进派在议会中也占据了13个席位。面对这一情况，1963年11月23日，李光耀再次以总理身份访问选区，他首先访问了甘榜景万岸选区。在这次访问中，李光耀宣布了一个重要的消息：人民行动党要把各选区组织的欢迎委员会塑造成公民咨询委员会。

公民咨询委员会由12—56位委员组成，包括执行委员及其他委员，均由人协董事会主席或副主席委任，任期两年。委员会执行委员设置如下：（1）主席；（2）副主席（最多四位）；（3）秘书；（4）助理秘书（最多三位）；（5）财政；（6）助理财政（最多两位）；（7）查账（最多两位）。

执行委员主要负责委员会的行政事务，其他委员则主要负责制订各种计划方案。该委员会的权利主要有：依照人协执行理事长所批准的收费率，向参加课程的学员征收学费及征收参加委员会主办的活动之费用（前提是获得人协执行理事长的批准）；根据相关财物条例，使用委员会基金；根据人民协会筹款条规，进行筹款活动；可议决成立特别小组委员会、活动小组和俱乐部，以协助推动其任务。需要指出的是，人协的主席或副主席有权在每个公民咨询委员会委任一位或多位委员会顾问。这个顾问往往由对应选区的国会议员担任，负责监督指导委员会的发展方向及向人协主席或副主席提名推荐下届委员会候选人。

根据《公民咨询委员会章程》，公民咨询委员会主要承担以下任务：（1）向选区居民灌输良好的公民意识；（2）向选区居民传达政府的信息，并向政府反映居民对政府的政策和措施的意见；（3）领导和协调选区和全国性的活动；（4）向社区设施改进委员会提供建议，改善区内的公众设施。

关于委员会的组织方法，每一区设一个总站，其下可以有多个小分站。政府遴选一些有经验和有能力的村民来主持其事，同时，总理公署设一个机构专门负责和这些委员会联络。

最初的4个公民咨询委员会于1965年3月在义顺、榜鹅、三巴旺和实龙岗花园成立。到了1966年，当时所有的51个选区都有了各自的公民咨询委员会。由于公民咨询委员会是以选区为基础设立的，因此随着选区的增减，其数量也有所变化：1968年大选，新加坡选区增加到58个，公民咨询委员会也增加到58个；1972年大选，新加坡选区变为65个，公民咨询委员会也变为65个；1976年大选，新加坡选区变为69个，公民咨询委员会也增加到69个。随后的1980、1984、1988、1991、1997、2001、2006和2011年大选，新加坡选区的划分都有所变化。与此对应，公民咨询委员会的数量也有所增减。

在人民行动党政府的精心塑造下，公民咨询委员会很快就成为各选区最高的基层组织，扮演着"基层老大哥"的角色。由于设立之初的公民咨询委员会由总理公署管辖，它在人民心目中自然也就占据着重要位置。1994年4月以后，公民咨询委员会开始由人民协会接管。

四、居民委员会："不稳定因素"的产物

居民委员会是新加坡社会迅速变迁过程中产生的一种新的基层组织，它以政府组屋区为单位，以组屋居民为对象，一出现即蓬勃发展，成为新加坡最重要的社会基层组织，在地方和全国事务中扮演着重要的角色。

马林百列出现"不稳定因素"

1964年2月，人民行动党政府推行了"居者有其屋"计划，1965年推行市区重建和公共建屋计划。到20世纪70年代中期，新加坡的组屋区已经不少，组屋居民日渐增加，但组屋居民所面临的问题和他们所需要的社区服务却无法得到有效的解决和满足。在这种情况下，很多居民开始自发地展开一些零星的组织工作，设立了以一两座组屋居民为单位的居民协会或委员会，并通

过这种形式向政府提出各种要求。

这种现象被新成立的马林百列区的工作人员发现，他们认为如果此种情形在组屋区泛滥，局面将难以收拾，因此认为有必要加以控制。该区新议员吴作栋将这个意见向李光耀提出后，得到首肯。基层经验丰富的李光耀很快决定将自发的居民协会制度化，在马林百列区试行居民委员会这种新的社区组织。1977年8月12日，吴作栋在其选区的庆祝国庆晚宴上正式提出居民委员会的概念。吴作栋宣布马林百列区将立刻着手组织居民委员会，以便协助国会议员和公民咨询委员会推行和促进整个选区的福利设施。

由此看来，吴作栋提出成立居委会的概念并不是偶然的。可以说，居委会的出现，得到了一些自发性出现的居民协会的启发，成立居民委员会不过是政府巧妙地把自发的协会塑造成制度化的组织而已。

"居者有其屋"的"副作用"

新加坡国家发展部长马宝山在国会辩论政府组屋课题时曾讲到这么一个故事："小时候，我是住在后港甘榜一间亚答屋里。我们每天从井里打水，晚上点煤油灯照明，一家人在煤油灯下吃晚饭。这就是我最早的童年记忆。后来，我们搬到武吉士街，就是现在白沙浮商业城坐落的地方。我们住进一间店屋的小房间里，晚上不是睡在床上而是睡在床底下，不过起码那时候我们已经有水电供应了。再后来，我们和伯伯一家搬到金吉道一间新加坡改良信托局组屋。当时，我们两家人共用一间小小冲凉房。过后又搬到大巴窑，住进建屋发展局组屋。两家人照样共用一间冲凉房，不过还好厕所是分开的。今天，我和家人一起住的屋子，每个房间都有浴室。"这是个不平凡的故事，因为它不是马宝山部长一个人的故事，而是许许多多新加坡人亲身经历的故事，因此也是新加坡人所熟悉的故事。

建国初期，许多新加坡人家境不好，房子简陋，后来经过努力和打拼，渐渐地有能力住进更大、更好、更舒适，而且是属于自己的房子。这是许多新加坡人的共同故事。能够拥有一个遮风挡雨的家，是人类最基本的生活需求。然而，在这里，我并不想探讨住房问题，我想告诉大家的是，新加坡居者有其屋政策推行后对新加坡社会带来的深远影响。

随着经济的发展，新加坡居民的重新安顿工作快速推进。到了20世纪70年代中期和80年代，新加坡社会开始急速改变。旧的社群因市区重建和人口重新徙置计划而分散，大部分住在同一乡村或旧社区的人口纷纷搬迁到了新镇组屋区，形成了全新的社区。在这些新的社区里，没有天然的社区领袖，原有的公民咨询委员会和联络所管理委员会在这一社会大变迁中纷纷失去了自己的活动领地，无法在新镇环境中发挥他们的影响力。新加坡政府领导人开始担心旧有的社区或基层组织无法继续发挥它们同基层群众密切相连的作用，这样一来，动员基层将成为大问题。政府领导人日益感到，这种基层的真空迫切需要塑造出新的角色来填补，而居民委员会正是填补这一真空的产物。

居民委员会"三步走"策略

决定在马林百列设立居民委员会后，总理公署想出一个新的办法来物色居民委员会委员。首先由该区议员向全体居民发出一份调查表格，以了解居民的需求，同时邀请愿意为社区服务者挺身而出，组织委员会。在收集了有关资料后，总理公署便发出公函邀请那些有意服务者面谈，并挑选那些被认为合适者组成临时居委会。不过，靠发问卷来物色居民委员会委员的方法有其局限性。单靠面谈并不能确定居委的可靠性和工作能力，物色出来的人可能根本没有既定的群众基础。此外，居委会的设立会不会使社会基层组织出现叠床架屋的现象，在行动党内部都存在争议。因此，政府的做法是小心翼翼地采取"三步走"策略。

第一步：1977 年，新加坡政府先在马林百列和丹戎巴葛两个选区试行组建居民委员会。马林百列被划分为 7 个邻区，每个邻区大约有 6 到 10 座组屋；每一邻区设一个委员会，委员会成员来自这些组屋，每座组屋将受邀派 2 名居民代表参加，委员会成员由 15 人至 20 人不等。

第二步：1978 年，新加坡政府又在宏茂桥、文礼、红山、哥南亚逸和大巴窑推行 5 个居委会试行计划，随后在全国逐步推开，并建立了管理系统，把居委会置于总理公署的管辖下，居委会的成员是组屋区居民，政府提供全职的秘书处。

第三步：从1979年起，逐步在其他的政府组屋区成立居委会。到1981年，绝大多数的选区都成立了居委会。

新加坡政府在试行居委会的同时，也设立了管理系统，把居委会置于总理公署的管辖之下。新加坡政府于1978年成立了5个协调居委会活动的全职秘书处。1979年，又设立了14个。到1980年，大多数组屋区都建立起了居民委员会。

根据《居民委员会章程》，居民委员会主要承担以下任务：（1）促进指定分区居民间的睦邻关系、和谐精神及社会凝聚力；（2）就指定分区居民之需求与愿望，和有关政府部门联络，并代为陈情与建议；（3）向指定分区内的居民传达政府的信息，并将居民对政府的政策与措施的意见反映给政府；（4）促使指定分区内的居民成为良好公民。

居民委员会设有下列各种委员：（1）执行委员（10~30位）；（2）准委员（既不得超过执行委员实际人数的30%，也不能超过5人的最高限额）；（3）组屋座代表（根据组屋具体情况设置）；（4）参与委员（若干）。其中，执行委员、准委员及组屋座代表均需根据选区委员会之推荐由董事部主席或副主席委任，任期两年。准委员享有执行委员应有的各种利益，可以出席委员会会议，但是无投票权。组屋座代表负责协助委员会认识同座组屋和附近的居民，以促进睦邻精神；向组屋居民传达政府的信息，并且把组屋居民对政府的政策及措施的意见反映给政府；与居民委员会成员保持联系和密切合作，维修公共设施，并加强组屋安全；为居民组织活动以满足他们的需求。组屋座代表可受邀出席委员会的会议，并参与讨论影响他代表的组屋事宜。委员会可以委任适当的人士成为参与委员，并且把他们分配给一个或多个小组委员会、活动小组或俱乐部。居民委员会的权利及其执行委员的设置等基本与公民咨询委员会相同，并且也受人民协会所任命的顾问的监督指导。

1981年10月10日，针对个别组屋居民设立"组屋委员会"的做法，吴作栋又宣布居民委员会将进一步扩大，除了委员会之外，将增设"座代表"，也即个别组屋的代表。吴作栋指出："那些居住在四房和五房式组屋的居民，有更好的能力去为他们那座组屋的居民主办一些活动。如果他们只为自己那一座组屋的居民服务，而不让别座居民参与其活动，那么他们可能带来社会的分裂，而不是促进社区和谐。"他接着说道："我国社区发展的下一个方向将是深入到每一座组屋，选出座代表。这是居民委员会概念的进一步发展，在每一个居民委员会分区内为每一座组屋都设有座代表。"① 这个新概念和当初试行居委会时一样，先在马林百列试行，如果成功，将逐步推广到其他居委会。在"座代表"的构想里，"组屋委员会"不会被解散，但会受邀派代表担任"座代表"，并隶属于居委会。这样，座代表就成了居委会的延伸。吴作栋认为这样的组织方式将能照顾到各座组屋的利益，同时也能使每座组屋的居民扩大视野，超越本座组屋的认同，进而能与整个社区共呼吸。

---

① 居民委员会概念的进一步发展 在每一座组屋设座代表[N].星洲日报，1981-10-11（3）.

随着新加坡私人住宅区的增多，1998年6月，人民协会又在私人住宅区成立邻里委员会，以促进私人住宅区居民的邻里关系及凝聚力。邻里委员会也隶属于人民协会，主旨是促进私人住宅区居民之间的社会凝聚力及种族和谐。除了充当政府与人民之间的桥梁，它也在各个社区举办社区安全教育活动，并加强居民的社区自助精神。

新加坡
基层组织的角色扮演

第二章
角色充当：新加坡基层组织的作用

在"全民投票战"、刺探选情、戈麦斯事件预警中，基层组织可谓是帮了人民行动党大忙。而举办层出不穷的康乐活动、玛丽亚·赫托暴动以及度岁金计划中的出色表现，进一步展现了基层组织的"英雄本色"。

新加坡基层组织是一个角色集。在人民行动党政府的施政过程中，这些基层组织宛如一座座桥梁，架起了政府与人民之间的"连心桥"；在新加坡的社会演进中，这些基层组织又犹如砖窑，它们把不同种族和相互隔离的社会群体融合在一起，像泥和水交融一般，然后放入窑中煅烧出新的国民关系，成就了社会工程师的杰作。由于集多重角色于一身，新加坡基层组织往往给世人一种神秘的感觉；深入剖析基层组织所充当的各种角色，就等于是撩开了基层组织的神秘面纱，有助于人们更直观地了解基层组织在新加坡所处的历史地位及其所发挥的重要作用。大体来说，新加坡基层组织充当的角色可以分为两个方面：政治角色和社会角色。

第一节
政治角色的充当：政府主导的必然结果

　　人民行动党政府执掌政权后的重要任务之一，就是团结各种族人民，建立一个和谐的多元种族社会，同时致力于国家建设，塑造民族认同感。民众联络所、联络所管理委员会、公民咨询委员会和居民委员会等基层组织，都是政府为了达到建国目标而组织的，所以，它们不可避免地被抹上了浓重的政治色彩。它们的出现，首先是政治上的需要，是政府实现政策的工具。具体来说，新加坡基层组织所充当的政治角色主要体现在以下几个方面：

一、立国安邦的基石："一盘散沙"凝成磐石

新加坡是个小岛，潮退时面积仅约554平方公里。这座小岛是英帝国在东南亚的心脏，所以发展繁荣起来了。随着1965年8月9日新加坡被"逐出"马来西亚而独立，这座小岛变成了没有躯体的心脏，前途瞬间变得渺茫。新加坡和马来亚只隔着柔佛海峡，由新柔长堤连接起来。英国一直以来都把这两个地方当作一个地区来统治。马来亚是新加坡的腹地，沙捞越、文莱和沙巴也是新加坡的腹地。它们都是英帝国东南亚部分的组成单位，新加坡是英帝国的行政和商业中心。新马分家，使得新加坡的一切都得靠自己。在这个世界上，新加坡没有了腹地，该如何生存下去？尤为要命的是，当时的新加坡社会犹如一盘散沙，民众毫无国家的概念。面对"一盘散沙"似的社会，国民意识该如何塑造？这一切都是人民行动党政府不得不面对的问题。

新加坡之所以能在风雨飘摇的岁月里屹立不倒，并日益发展

成为富裕安康的发达国家，基层组织功不可没。基层组织将殖民地时代"一盘散沙"的国民凝聚在一起，从某种意义上说是新加坡的立国之本。

本固才能邦宁

民为邦本，本固邦宁。新加坡人民行动党自然也深知这个道理。20世纪50年代，人民行动党发起人目睹了战后政党纷纷涌现却又因社会代表面狭窄，社会基础薄弱而昙花一现的情形。因此，他们从中领悟到了民众支持的重大政治价值，人民行动党的主要创始人之一李光耀特别注意群众运动。借助于担任新加坡学生联合会和职工总会的法律顾问，李光耀了解了学生和工人的情绪并得到他们的支持而崛起。他最了解学生和工人对政治的影响，执政之后，一直结合青年和工人作为人民行动党的两大力量。但是，当人民行动党内因是否同意与马来亚合并而发生分裂，拥有深厚社会基层组织支持的"社阵"脱离该党后，行动党仿佛在一夜之间失去了强大的基层基础。面对基层基础的流失，人民行动党不得不着手建立自己的社会基层组织，唯此才能击败"社阵"。

当时，人协以45个团体作为创办会员，并接管了原来由英国殖民地政府建立的28家民众联络所和5家青年俱乐部。在这样一个简陋的基础上，人协开展了各方面的工作，包括建联络所、提供各种文娱教育活动、建立基层联系，以及培养具有国家意识的青年等。作为全国基层组织的总机构，人民协会的主要职能有两个：一是策划并组织地区居民参与文化、教育、体育等社会活动，借此培养新加坡人的国民意识，并加强不同种族间的团结；二是培养下一代领导者，即培养年轻人为国家和地区竭力奉献的精神。其中，训练社区领袖是人民协会的一项主要任务。因为仅有民众联络所的现代化设备，并不能保证事业的成功；联络所和建国事业的成功有赖于基层人员的素质和献身精神。为此，人民协会设立了国家社区领袖训练学院，它的任务是训练社区领袖，为新加坡多元种族社会服务。人民协会积极创造适当的社会环境，提供各种设备，物色、选拔和训练受人爱戴、受同胞信任的人，使他们成为社区公认的领袖；然后再通过这些被选出的社区领袖的工作，访民情、商国策，下情上传，上情下达，使政府能够及时修正政策，把这些政策的不良影响尽量减少。

1965年8月9日，新加坡被"逐出"马来西亚而独立，这意味着李光耀"马来西亚人的马来西亚"的理想破灭了，他只能转而去建立"新加坡人的新加坡"。为此，必须塑造新加坡人的公民意识，让这些来自五洲四海的移民在新加坡落地生根，认同这块土地。此项重任就落在了刚成立不久的民众联络所管理委员会身上。为此，人民协会于1966年1月8日在新加坡大会堂召开了第一届民众联络所管委会研讨会，并定下"公民与民众联络所"的研讨主题。李光耀为研讨会主持开幕礼，围绕建国与公民的责任发表了演讲，并论述了联络所在新加坡建国过程中所应扮演的角色。他指出："……当人们不再把自己当作过客，而在这个国家落地生根的时候，便昭示了一个时代的结束和一个新的时代的来临。早期自愿结社的人是根据地缘或种族的共同利益组织了各种地缘性的宗亲团体,如广东人和福建人有各自的团体……,当这些来自不同地方的人在新加坡落地生根时,新的社团才随着出现,不分地方来源,兼容并蓄。联络所的出现,标志着与这块土地认同的漫长过程的开始。"李光耀认为,联络所的出现及管委会的成立,是人民参与社区管理工作的表现,更是大家自己当家做主的表现。"它表明大家已抛弃了移民意识而与这块土地认同,并对集体劳动所取得的成果感到自豪。"

正因为基层组织在新加坡立国安邦方面所充当的积极角色,曾任人协副主席的黄根成指出,基层组织是很独特的,它是新加坡建国过程中产生的一个很重要的机制。"它们的基本使命这么多年来并没有改变,那就是要促进社会的凝聚力和加强各族群的关系,也为有志献身社会服务的国人提供一个为民服务的管道。"[1]

全民投票战

基层组织是人民行动党政府应付激进势力的"马前卒"。以人民协会为例,人民协会成立于新加坡政局动荡不安的20世纪60年代初期,它所肩负的艰巨任务不仅仅是通过文娱和教育活动以团结各族民众,它主要是人民行动党用以对付激进派渗透和

---

[1] 蔡添成. 社理会援助居民不分选区 [N]. 联合早报, 2006-07-29.

盘踞在基层的强大势力的一道重要防线，是行动党同激进派进行公开斗争的全盘策略的一部分，从而在建国过程中充当着举足轻重的角色。

人协"马前卒"的作用在"全民投票战"中表现得淋漓尽致。所谓"全民投票战"，就是围绕是否与马来亚合并而举行的全民投票前赞成票与空白票之间的争夺。1961年5月27日，马来亚首相东姑·阿都拉曼公布了想把新加坡、马来亚、文莱、沙捞越和北婆罗洲（沙巴）联合起来组成联邦。这是因为随着新加坡的政局不稳定，东姑害怕新加坡有朝一日会被激进势力占据，利用新加坡作为基地对马来亚展开行动，使马来亚之前对抗马来亚激进势力的成果功亏一篑。人民行动党支持合并，但以林清祥为代表的激进派怕合并会对他们不利，所以反对合并。对此，李光耀决定在1962年9月1日举行全民投票。选票上有三个选项：（1）我支持合并，新加坡获得劳工、教育和其他议定事项的自主权，同时新加坡公民自动成为马来西亚公民；（2）我支持全部及无条件的合并，新加坡应以一州的地位，根据马来亚联合邦的宪法文件，与其他十一州在平等基础上进行合并；（3）我支持新加坡加入马来西亚，条件应不逊于婆罗洲地区所获得者。在新加坡是否与马来亚合并全民投票前夕，激进派展开了大规模宣传，由于选票上没有反对合并的选项，激进派只能呼吁人民投空白票。他们推出大量印刷品，挨户分发，把"火力"集中在乡村地区。当时还没有电视，而乡村区读报人数远比市区低，激进派派发的印刷品带来的杀伤力可想而知。人民行动党分裂后，大批职员离开人协，人协力量被削弱了。人协的职员虽减少了，但仍担负着向人民解释有关情况的重担。人协正式的宣传从全民投票前一个月左右就开始了，以加冷指挥总部及20家联络所为工作基点，人协职员、政府官员及志愿人士，每天分乘吉普车、旅行车及广告车出发，车辆上装有录音机和扩音器，沿途向人民解释政府的观点及全民投票的方法。宣传的重点放在乡村区，与激进派针锋相对。在随后的一段时间里，这280多人，分成每组2—4人，召集了4352次街头及乡村会议，形势逐渐朝着有利于人民行动党的方向发展。[1]

1962年9月1日早上8点，全民投票正式开始，到晚上8点结束，随即计票。到9月2日凌晨3点，情形很清楚，激进派号召人民投空白票的运动失败了，空白票占实际投票数的不到30%；也就是说，有70%赞成合并。形势似乎很明朗了，可让人意想不到的是，事情有了新的变化。9月2日早上6点45分左右，就在投票结果快要宣布前，激进派写信给全民投票总监，对选票在三点半已经整理好，却要超过一个半小时才按照全民投票法令一箱箱计算的做法，提出抗议，并要求重新计票。半小时后，总监同意了。但也就是被拖延了的这半小时，又使激进派看到了新的"希望"。9月2日早上7点45分左右，激进派写了第二封信，声称总监把第一封信先拿给总理看然后才答复，因此总监不过是总理的信差。此外，由于第一次计票有不合常规之处，

---

[1] 杰基·山姆.人民协会20年回顾[M].新加坡：加冷人民协会出版社，1980：56.

第二次计票会采用同样的办法，整个过程与全民投票过程同样可笑，激进派不能接受。一个小时后总监答复激进派，并把内容通过扬声器读出来，让报界知道。信上说，票箱是在激进派代表面前打开的，选票也在他们面前混合和计算，整个过程该代表均在场，直到计票结果快宣布，该代表对具体做法是否适当都没表示反对。尽管如此，总监仍然接受激进派要求，下令重算一次。上午11点半，重新计票过程结束，71%支持合并，25%投了空白票。人民行动党胜利了！李光耀在回忆这段历史时颇有感慨地说道："部长和议员们当时忙着团结基层以对抗共产分子……这个阶段，每日的拉锯宣传战，行动党和共产分子之间展开全力以赴的生死斗争，终于在1962年9月举行的全民投票中，以人民投下决定性的71%选票赞成合并加入马来西亚而宣告结束。这场斗争结束后，我们就着手重建基层组织，准备应付抗拒共产分子的下一回合斗争。"[1]

建国"催化剂"

基层组织又是新加坡建国过程中增强凝聚力的"催化剂"。1978年，李光耀在主持联络所管委会研讨会时指出："通过民众联络所，人民协会发挥了催化剂的作用。它在建国事业上已提供了第一批建筑砖块的结晶。"[2]在新加坡建国过程中，人民行动

---

[1] 杰基·山姆.人民协会20年回顾[M].新加坡：加冷人民协会出版社，1980：6.
[2] 李光耀.在新加坡新的生理组织里建立神经中枢和神经网[N].南洋商报，1978-04-16(3).

党政府通过基层组织举办各种社区交际项目，比如文娱活动和休闲旅游，以增强社区凝聚力，密切邻里关系。在活动过程中，基层领袖会有意识地向居民传达并解释政府的各项政策，从而帮助居民更好地理解和响应政府的政策措施；这些活动的举行也有助于增进居住在同一组屋区居民的认识与了解。

政府还通过基层组织来消除社会现代化、工业化带来的人与人之间隔阂与疏远的弊端，把居民组织起来，使之在感情上相互联系，建立一种认同感，即所谓的社区精神。李光耀在1981年写道："在80年代里没有任何组织比居民委员会扮演更主要的角色。……居委会可以把原本陌生的邻居集合在一起，沟通感情，从而促进睦邻精神。"[1]除了把加强邻居之间的团结、培养共同的居民意识与连带感作为组织的重要职责外，居委会还兴办各种社会福利事业，并负责防盗防火、教育青少年和协助警察维护社会治安等具体活动。正是通过这些基层组织的建立与运作，人民行动党政府巧妙地把国家的意志灌输到社会、市民中去，进而增强了社会的凝聚力和向心力，形成了强大的国家意志和国家精神。

基层组织也是吸引居民参与建国的工具。在殖民地时代，来自同乡的移民聚居在一起是很自然的事，一来他们之间容易沟通，二来可以互相照顾。从整体来看，社会像一盘散沙，但不同族群内部却有一股强大的凝聚力。更重要的一点是，许多早期移民并

---

[1] 转引自：吴俊刚，李小林.李光耀与基层组织[M].新加坡：胜利出版私人有限公司，2000：111.

没有公民的概念，他们人在异乡却心怀故国。因此，要把一盘散沙组织起来并非易事；这是一项艰巨的工程，需要精心策划并有效落实。李光耀等人在筹组人民行动党的时候便已经考虑到这个问题，因此，拟定了多元种族政策，作为团结不同种族集团的基础。在确定了这个大方针之后，当然还得有各种实际的措施，从不同方面来重塑整个社会，而人民行动党政府所用的一个重要手段便是基层组织。李光耀指出："金钱的捐助，比不上个人的关注和参与，而人协和民众联络所如能继续发挥这种作用，就是我们从事建国事业的一种难得的助力。"①随后在庆祝人民协会成立五周年而举行的研讨会上，李光耀再一次指出："在一个多元种族的社会中，民众联络所已经成为街坊或甘榜里的多元种族组织，警卫队在联络所内建立起来，人民卫国队在联络所登记。当我们仍为马来西亚之一员，而发生种族问题时，联络所也是亲善委员会召开会议解决问题的地方。""联络所只是建国工作的一面。自强不息，主人观念，乐意与国内公民分享集体努力所得利益和成果，这些素质足以建立起国家。"②

二、官民沟通的桥梁：双向交流比单向灌输好

新加坡之所以能够保持长期稳定，是因为人民行动党政府竭

---

① 林凤英.人协和联络所是贯彻国策的工具[N].联合早报,1985-06-30(1).
② 人民协会庆祝五周年研讨会隆重揭幕 李总理主持典礼[N].南洋商报,1966-01-09(5).

力听取民众的心声，然后再反映到政策层面。政府先后设立了民众联络所、公民咨询委员会和居民委员会等基层组织，这些基层组织把政府与国民紧紧地连在一起，并成为政府与民众双向沟通的桥梁。

"上情下达"与"下情上传"

20世纪60年代初期，当激进派从人民行动党内部分裂出来以后，人民行动党与下层华人尤其是农村的联系渠道中断了，人民行动党迫切需要建立起自己的联系网络。在这样一种时代背景下，人民行动党政府在采取其他措施的同时，决定着手建立社会的基层组织，以加强行动党政府与下层民众的联系，缓解日益激烈的社会矛盾并有效贯彻政府的各项政策。为此，1960年7月，政府组建了人民协会。1967年，在为人协职员的一个研讨会主持仪式讲话时，时任财政部长的吴庆瑞指出："要把政府的某种想法传达给群众并不困难，因为大众传播媒介如电台、报章以及后来的电视都办得到。可是，人民和政府的关系必须是双向交通。只有殖民政府或独裁政府才会保持单向的交通，那就是只传达指令和想法，由上而下。作为一个民主社会，我们要的是双向交通，不只要告诉人民我们的政策是什么，以及会采取什么样的行动，也要知道人民的需求，他们对各种国内外事务的看法，以及他们对各种政策和行动的意见。"政府采取的措施之一，便是设立人民协会。通过建设大量的民众联络所，至少每个选区里有一个方便的聚会场所。这大概就是人协和联络所成立的主要目的。"①

人民协会成立之初,首先接管了殖民政府留下来的民众联络所,然后又着手在全国各地建立同样性质的联络所。在20世纪60年代,大多数联络所都是在很短的时间内建立起来的,加之经济落后,联络所的设备十分简单;联络所内的康乐、教育、文化,以及会议等其他活动的场所也极为简陋。尽管如此,在当时极为困难的条件下,联络所仍深受本地居民的欢迎,很能吸引群众。那时候,大多数人的文化水平不高,在乡村也很少人有条件和能力收听广播、看电视和阅读报纸,政府也不可能经常召开大会。因此,小道消息和谣言成为日常的信息来源,在这种状况下,民众联络所的作用就显得非常重要了。也正因为如此,在人协第一届研讨会上,时任社会部长的奥斯曼渥指出:"在我们这个多元种族的社会中,民众联络所对巩固国民的团结,扮演着重要的任务角色。政府一贯的政策,在于建立及维持人民与政府之间的密切关系,人民协会及民众联络所负有重大使命,向人民解释政府的目标与计划,也将人民的需要传达给政府。"② 律政及国家发展部长巴克针对"民众联络所如何动员社会建设国家"的问题发表演说时也指出:"民众联络所的建立,就是作为政府与人民之间的桥梁。民众联络所已在全新加坡建立,它促使政府能有机

---

① 转引自:吴俊刚,李小林.李光耀与基层组织[M].新加坡:胜利出版私人有限公司,2000:127-128.
② 在多元种族社会中联络所负重大责任[N].南洋商报,1966-01-10(12).

会了解人民的基本问题；从联络所得到的消息，政府就能根据它来制定建设性的政策，以改善人民所面对的困难，建立一个以国民利益为依归的社会。"①由于政府控制了遍布全国的联络所，联络所也就顺理成章地成了政府向民众解释政府政策、传播正式信息的主要场所和渠道。

李光耀在谈及基层组织和基层领袖在社会及国家发展中的作用时指出，他们是沟通政府和人民之间的桥梁。人民的生活是因为政府推行经济和社会政策所带来的迅速改变而受到影响。这些公务员和民众领袖就好像汽车的离合器系统一样，使得政府能够顺利换挡变速而不致扭坏齿轮箱。人民行动党执政地位延续的因素中，社会基层组织功不可没。新加坡人民行动党在历次选举中，每次都能得到比较多的选票，为什么每次选举的票数这么高？一个重要的原因是新加坡人民行动党是用嵌入的方式，通过各种基层组织和人民联系在一起的方式，获得了多数人民的支持。人民行动党执政以后，政府同居民的沟通主要通过基层组织来进行，人民行动党的国会议员也依靠社区中的基层组织联系选民。与此同时，基层组织也负责收集居民的意见，并把意见及时反馈到政府的有关部门。在基层组织的章程中，都对本组织沟通政府与居民的功能做了明确又大同小异的规定。民众联络所的任务之一就是"传达政府之政策，并将民众联络所附近居民之需求与愿望转达给政府"；公民咨询委员会的任务之一是"向选区居民传达政

---

① 在多元种族社会中联络所负重大责任[N]. 南洋商报, 1966-01-10（12）.

府的信息,并向政府反映居民对政府的政策和措施的意见";居民委员会的任务是"就指定分区居民之需求与愿望,和有关政府部门作为民情反映系统"。社会基层组织领袖及成员必须对选民的困境、愿望及其对政策法令的观点等保持高度的敏锐性,并将这些迅速地反馈给政府,这样,政府才能做出及时的调整。许多基层委员会被要求安排一些围绕当前热点问题进行简短讨论的会议,并将社会各界的反映反馈到政府的民意处理组。然后,民意处理组做出答复或告之即将采取的行动措施。这一切,都靠社会基层组织传达给民众。"政策的拟定,需要对草根课题有着深入的了解。基层领袖,如公民咨询委员会或居民委员会成员,不论他们的政治趋向,在提供意见方面,都充当了不可或缺的角色。更重要的是,他们和居民的亲密关系,使他们成为解决问题的宝贵中间人,没有这些社会基层组织,我们将残缺不全。忽视他们的贡献,实在是对他们的不义。"

50多年来,新加坡基层组织一直成功地充当着政府与国民沟通的"金桥梁"角色。政府通过这些基层组织同居民沟通,国会议员也依靠社区中的基层组织联系选民;与此同时,基层组织也负责收集居民的意见,并把意见及时反馈到政府的有关部门。没有了基层组织这座"金桥梁",人民行动党政府与民众的沟通将深受影响。

1981年,蒂凡那受委任成为新加坡第三任总统,辞去安顺区议席。同年10月,安顺区议席进行补选。当时的工人党秘书长惹耶勒南在补选中以653票的微差击退行动党候选人冯金兴,人民行动党在安顺选区补选失败，工人党领袖战胜行动党候选人进入国会，打破了行动党长期以来"一统国会"的局面。两个月后，李光耀在分析该次补选失败的原因时认为，补选失败的一个重要原因就是"我们在安顺区的民情反映系统已经没那么有效了。由于居民搬迁的关系，居委会分布网又没有建立起来，那里的公民咨询委员会和联络所管委会已失去跟基层的联系"，为了加强与选民的沟通，"那里的基层组织网必须有效地建立起来，我们必须恢复反映民情的系统"。①为了避免类似事件重演，为了使政府与民众沟通的渠道畅通，人民行动党政府已经把"联络所管理委员会""公民咨询委员会"和"居民委员会"等基层组织设到了每一个选区。

官民磨合的"润滑剂"

新加坡基层组织成立以来一直扮演着官民间沟通"润滑剂"的角色，这种角色在应对亚洲金融危机过程中表现尤为明显。1997年6月到12月，亚洲金融危机从泰铢贬值开始，瞬间席卷马来西亚、印度尼西亚、菲律宾等新兴国家经济体。1997年7月2日，泰国宣布泰铢与美元脱钩，实行浮动汇率制度，当日泰铢猛跌至1美元兑29泰铢，汇率狂跌20%。和泰国有着相同经济问题的菲律宾、马来西亚、印度尼西亚等国迅速受到泰铢贬值

---

① 李光耀. 李光耀40年政论选[C]. 北京：现代出版社，1996：176.

的巨大冲击。菲律宾比索、马来西亚林吉特、印尼盾等纷纷贬值。1998年1月到7月，我国台湾地区的新台币贬值开始，危机蔓延至我国台湾和香港地区，以及新加坡等东亚地区和国家。我国台湾地区货币贬值和股市大跌，不仅使东南亚金融危机进一步加剧，而且引发了包括美国股市在内的大幅下跌。日本、新加坡、韩国、马来西亚和泰国股市纷纷下跌，中国香港股市跌幅更是超过了25%。1998年7月到12月，韩元贬值开始，危机进一步波及韩国、日本等东亚国家。亚洲绝大多数的国家均受到金融危机的影响，造成经济发展严重倒退，绝大多数国家货币的贬值幅度高达30%—50%，贬值幅度最高的印尼盾贬值达70%以上。股市大幅缩水，这些国家和地区的股市跌幅达30%—60%。据有关研究机构估计，在这次金融危机中，仅股市下跌造成的经济损失就达1000亿美元以上，给世界投资者造成直接经济损失达7000亿美元，为第一次世界大战经济损失的2倍多，受牵连的国家和地区出现了严重的经济衰退，新加坡也概莫能外。

　　新加坡是小型开放型经济国家，极易受到外部经济环境的影响，因此，亚洲金融风暴所产生的巨大冲击，极有可能对其经济产生灾难性的打击。1998年11月，人民行动党政府为应对亚洲金融危机，推出了105亿削减成本配套措施。这些措施能否真正落到实处，对处在金融风暴旋涡中的新加坡显得格外重要。为了获得民众的理解和支持，在此措施出台之前，部长和议员们已经透过基层组织和基层领袖、社区居民充分讨论问题、解释情况，告诉大家将受到的影响，以及政府将采取哪些措施渡过难关。所以当这项措施推出时,全国上下都表示支持,该措施得以顺利实施。这不得不归功于部长和议员们事先与基层领袖之间的沟通。时任人民行动党第一助理秘书长的李显龙在翌年初召开的党代会上发出慨叹:"行动党是个强大的政党,同时得到基层的大力支持,要是缺少这个因素,这种社会凝聚力将难以形成。"

针对新加坡人才缺乏、出生率下降的状况,在国家层面,政府宣布采取多项措施来刺激生育。在基层,议员也想借重于基层的力量来对此关系到新加坡前途的问题献计献策。不少议员同社区领袖举行对话,以收集如何扭转人口下降趋势的意见。对此,基层领袖提出了一系列建议:调低女佣的人头税,以方便家庭聘请女佣照顾孩子;延长托儿所的时间,防止人们随意把不要的孩子打掉;让那些无法生育的夫妇,更容易从海外领养孩子;缩短国民服役年限,使年轻人更快谋职,以便为提早结婚存够钱。这些意见都通过基层领袖和议员反映到国会和政府,为制定下一步计划和政策提供了参考。

正因为新加坡民众联络所等基层组织在加强政府与民众的双向沟通方面扮演着如此重要的角色,在第三届民众联络所管委会研讨会上,李光耀才形象地指出:"如果我们把这些新镇里的建筑物、道路和游戏场地当作人的骨骼结构或骨架,而居住在里面的人是肉体,那么,我们必须使整个庞大神经网的神经线互相交结在中枢神经系统里。这个神经系统使我们有所感觉,把所有快乐或痛苦、冷热、宁静或紧张,以及嘈杂声等感受的信号传送到中枢神经系统里去,而这些信号的感觉经过大脑加以处理后,就能发出反应信号以及做出有效生活所需的变更和调整。如果没有中枢神经系统,人的肉体就只是丧失了活力的一团肉,而不可能有像肌肉那样的感应性。有了一个广布的协调神经网,肉体就会变成能够照顾身体的肌肉了。民众联络所散布网就是新加坡国家主体的重要中枢神经系统的一部分。"①

三、政策执行的工具：欲善其事先利其器

古语云："工欲善其事,必先利其器。"在政策制定与执行过程中,政策目标就是"事"的问题,而政策工具(执行手段)则是"器"的问题。当政策制定之后,影响政策有效执行的一个关键因素,就是能否选择恰当的政策工具。政策工具是政府能够用以实现特定政策目标的一系列机制、手段、方法与技术,也是政策目标与政策结果之间的纽带和桥梁。长期以来,人们对政府执行机构及其执行人员在政策执行中的正当角色和职责功能比较重视,而对如何选择合理的政策工具来执行政策以有效达成政策目标则较少关注。事实上,政策执行的核心在于选择和设计有效的工具,选用何种政策工具对政府能否达成既定政策目标具有决定性影响。无论是政府组织还是非政府组织,只要其能有效达成政策目标,它就是合理的政策执行工具。新加坡基层组织就是人

---

①李光耀.在新加坡新的生理组织里建立神经中枢和神经网[N].南洋商报,1978-04-16(3).

民行动党政府精心设计的政策执行工具。

新加坡人民行动党深谙"工欲善其事，必先利其器"的道理。新加坡社会基层组织的领袖，很大一部分是受华文教育或讲方言的，这就使得他们能够更顺畅地向民众解释政府政策，尤其是那些暂时不受欢迎的政策及含有专业术语一般人难以理解的政策。同时，他们也会用人情味浓厚的演讲呼吁民众为了国家"大我"的利益暂时牺牲个人"小我"。此外，社会基层组织往往从行动党及其政府的价值观那里得到某些暗示而充当政府的说教工具，通过举办活动和提供服务，尤其是那些旨在促进政治社会化教育的活动等各种微妙的方式潜移默化地影响并塑造着"新加坡人"。

一场看似无关的暴动

1963年9月16日，马来西亚联邦成立，领土包括新加坡、马来亚、沙捞越和沙巴。接下来的几年对新加坡而言可谓是多事之秋，最让人头疼的事之一就是印尼宣布对抗刚刚成立的马来西亚。

要了解印尼为什么要与马来西亚对抗，首先还得从一场看似无关的暴动说起。1962年12月8日，在往日宁静的位于婆罗洲北部的文莱，当地执政党人民党及其追随者在其领袖阿扎哈里的领导下突然发起暴动。暴动者意欲绑架文莱苏丹，但是计划受挫。紧接着，应文莱苏丹的请求，宗主国英国紧急向文莱提供军事援助，暴动很快被平息下去……阿扎哈里发起暴动，是因为其极力反对文莱成为马来亚东扩计划中的一部分。这一立场与印尼及菲律宾在此问题上的态度颇为吻合。这场暴动使当时极为微妙而脆弱的印尼、菲律宾和马来亚的关系迅速引爆。

　　文莱人民党的暴动遭到英军镇压之后，1962年12月23日，印尼新成立了一个团结北加里曼丹全国委员会，并在雅加达举行群众大会，谴责英国军队镇压文莱人民的行动。1963年1月，印尼第一副总理苏班德里约宣布，印尼政府"不得不采取对抗马来亚的政策，因为他们现在充当对印度尼西亚实行敌对政策的新殖民主义者和新帝国主义者的帮凶"。"马来西亚"是殖民政策的产物，是个不该存在的国家！其后，苏加诺总统激烈指责帝国主义者企图包围印度尼西亚，以挫败印度尼西亚革命，并公开提出要"粉碎马来西亚"。

　　也是在1963年，在坦桑尼亚举行的亚非人民团结会议上，印尼代表团提出了谴责马来西亚为新殖民主义的提案，但是没有获得通过。同时，在马六甲海峡捕鱼的马来亚渔民经常受到印尼炮艇的袭击……而鉴于菲律宾对沙巴地区的领土要求难以被英国和马来亚所同意，因此菲律宾也对马来亚采取极为敌视的态度。

　　印尼和菲律宾的敌视，给马来西亚的成立带来了巨大威胁。为了从绝境中寻求出路，总理拉赫曼亲王应邀在东京会见了苏加诺，但始终未能说服他放弃其"粉碎马来西亚"的政策。1963年6月，印尼、马、菲三国外长就成立马来西亚问题进行磋商。三国外长协商，沙巴和沙捞越并入马来西亚的问题应由当地人民自决，由联合国秘书长吴丹调查确定同马来西亚计划有关地区人民的意愿。

　　1963年9月13日，联合国秘书长吴丹向联合国提交调查小组的报告。报告认为，北婆罗洲和沙捞越大多数人民赞同加入马来西亚联邦的计划。这一报告立即遭到印度尼西亚政府的强烈反对，报告公布的第二天，苏班德里约代表印度尼西亚政府发表声明，坚决拒绝承认即将成立的马来西亚。"对抗"政策正式开始了。

　　1963年9月16日，冒着印尼总统苏加诺和菲律宾总统马卡帕加尔采取敌对行为的危险，沙捞越和沙巴正式宣布成为马来西亚的成员。第二天，时任马来西亚总理东姑·阿都拉曼正式宣布，从1963年9月16日起马来西亚成立。当天，印尼和菲律宾的大使离开吉隆坡，印尼民族阵线在雅加达街头举行了声势浩大的示威游行，示威者向马来西亚大使馆递交了抗议书，并袭击了支持和主导马来西亚成立的英国驻印尼大使馆，焚烧了英国国旗和大使的汽车。第二天，马来西亚首都吉隆坡也爆发了示威游行，对印尼使馆进行报复性袭击。同日，马来西亚政府宣布同印度尼西亚和菲律宾断绝外交关系。

　　与此同时，印尼武装力量开始不断袭击马来西亚，冲突愈演愈烈。当美国总统肯尼迪试图进行斡旋时，苏加诺声称，武装行动必须等到出现一项印尼可以接受的政治解决办法时才能停止。鉴于这样根本性的意见分歧，任何调停都无济于事。直到1965年苏哈托上台后，印尼针对马来西亚的"对抗政策"才逐渐偃旗息鼓。

　　面对外患，新加坡需要将国民紧紧团结在一起。唯有如此，原本就弱小的新加坡才有可能在与外部敌对势力的斗争中生存下来。而团结国民、塑造国民意识，正是新加坡基层组织所擅长的。于是，新加坡基层组织得以像雨后春笋般迅速出现。

与巫统不和

在面对外患的同时，当时的新加坡也面临着严重的内忧。合并后，新加坡开始和中央政府产生矛盾，对治国方针也有不同的看法。1963年12月21日，新马政府之间第一次产生公开矛盾。总理李光耀批评马来西亚的年度预算案没有给予提升社会状况足够的预算。新加坡在合并前，和马来亚政府谈判时，就提到了设立单一市场。马来亚政府当时也同意在合并后逐步实行单一市场政策，条件是新加坡要给沙捞越和沙巴贷款一亿五千万元，在15年内还清。新加坡因此希望在合并后能够加强贸易。但是，由于印尼实行对抗，使得新加坡的经济受到很大的影响。马来西亚中央政府也没有实行单一市场的进展，于是新加坡决定延迟贷款。双方都称对方在拖延时间，不遵守承诺。新加坡的商人也开始投诉中央政府歧视他们，没有给他们和其他州属一样的利益，反而对他们实行固打制。

1964年12月，双边经济的矛盾由中央政府要求新加坡将上缴中央的税收从40%增加到60%后升温。当时马国财政部长陈修信说，这是因为印尼的对抗活动而导致军备预算案增加。新加坡则认为这对自己不公平，因为其他州属并没有因此增加缴税。

同月，中央政府宣布将关闭新加坡的中国银行的分行，原因是中国银行在资助马来亚共产党的武装活动。由于该银行在新中贸易中扮演着重要的角色，所以新加坡极力反对。但是，中央政府还是宣布要在1965年7月关闭该银行。

两地在政治上也有冲突。1963年，由巫统、马华和国大党组成的联盟在中央政府的支持下参加了新加坡州选举。然而，联盟不仅未添一席，原本控制的芽笼士乃、甘榜景万岸和南部岛屿这三个选区也被人民行动党夺取。事实上，这场大选不像是联盟和行动党的竞争，更像是社会主义阵线和行动党的竞争。总理东姑·阿都拉曼对此表示非常失望，甚至亲自来新加坡表达不满。联盟原先以为新加坡的马来人会支持他们，结果大失所望。

1964年，行动党参加了联邦选举。他们认为既然联盟可以在泛马来亚的名义下参选，行动党应该也可以这么做。从一开始，行动党只表达了对马华的挑战，而不是巫统。行动党认为，他们如果在联盟内比马华更有作为就会得到巫统的重视。然而，巫统把行动党的参选看成了对国内马来人的统治地位的挑战。最后，行动党由蒂凡那赢得了一席，成为马国会最大反对党（行动党在新加坡州议席有12个，总共有13个议席）。巫统和行动党的裂痕加深了。

巫统不满意由李光耀所领导的人民行动党把政治势力伸展到马来亚半岛，内部一些激进的领袖开始抹黑行动党，说行动党的政策导致许多马来人流离失所、贫困和低教育，是个华族政党。同时也认为人民行动党所倡导的"马来西亚人的马来西亚"的政治口号有挑拨种族分离之嫌疑，并视人民行动党的行为为一种对抗，不断在新加坡煽动种族暴动，双方关系持续恶化。面对内忧，人民行动党争取民众支持的愿望比以往任何时候都显得迫切，这种需求的存在，使得基层组织的出现成为必然。

支持成立警卫队

为了应对内忧外患，新加坡政府决定成立一支人民警卫队，协助维护治安，安定民心。成立警卫队的政策出台后，人民行动党政府面临的一个棘手问题便是这项政策该如何有效执行，于是，政府想到了基层组织。人协在接到成立警卫队的任务后，马上在各联络所展开招募工作。消息传开，民众热烈响应，几天之内便有14,000人到联络所报名。[1] 人协不知不觉已站到了政策实施第一线，成为政府政策执行的重要工具。

对外有来自印尼特工的破坏和威胁，对内与中央政府，尤其是巫统领导人发生龃龉，新加坡的处境可谓危如累卵，随时都有倾覆之祸。而那时新加坡本身却只有5000名警察、1000名特警和两营陆军。[2] 新加坡亟需自己的武装力量，但建军可不是一蹴而就的事情，眼前只能设法解决燃眉之急，人民行动党政府于是想到成立民兵。这需要动员基层，担负这项重任的又是人民协会。

---

[1] 转引自：吴俊刚，李小林. 李光耀与基层组织[M]. 新加坡：胜利出版私人有限公司，2000: 32.
[2] 有关数据均引自：吴俊刚，李小林. 李光耀与基层组织[M]. 新加坡：胜利出版私人有限公司，2000: 33.

刚刚动员联络所招募了 14,000 名警卫队员的人协，几乎在还没有机会喘息的情况下，便接受了这项新任务——协助招募公民，成立人民卫国军。在人协和联络所的动员下，一批热血男儿到联络所去登记为志愿军，组成了第一支人民卫国军。当 1967 年国民服役实施时，联络所也成了欢送国民服役人员入伍的地方。

推进各种运动

新加坡是一个社会运动非常频繁的国家，经常开展一些全国性的公民运动。因此，进行社会运动的组织和宣传就是一项繁忙而重要的任务。20 世纪 60 年代末以来，基层组织在协助新加坡政府推行全国性的社会运动和组织选区内的各种社会活动方面发挥着重要的作用。新加坡政府历年来所推行的许多全国运动，如礼貌运动、清洁运动、新加坡 OK 运动，以及一些影响深远的重大政策，如国民服役的落实与成功，都得到了基层组织的鼎力支持。自从 1958 年以来，前后已开展了 100 多项，如 1958 年 5 月的"反吐痰运动"、1958 年 10 月的"取缔乱抛垃圾运动（大扫除运动）"、1958 年 12 月的"消灭害虫运动"、1968 年到 1971 年连续 4 年的"保持新加坡清洁运动"、1977 年到 1986 年连续 10 年的"新加坡河治理运动"、1978 年起每年一度的"文明礼貌月"活动、1990 年起每月一度的"清洁与绿化周"活动等。另外，还有敬老运动、爱神运动、睦邻周、国民意识周、种族文化月、生产力月等。

以国家清洁运动为例。1966 年，"社阵"宣布退出人民行动党。

这标志着政治斗争基本结束，李光耀等行动党领导人及政府可以集中全力搞社会建设。李光耀认为当务之急是开展一项全国清洁运动，而这项运动的开展必须借助联络所的力量。于是，他以人协主席身份在 1968 年 7 月 19 日召开第二次管委会研讨会，并定下"如何促进一个健康的社会"的研讨会主题。时任外交部长的拉惹勒南在给大会献词时说："管委会第二届研讨会的论题：如何促进一个健康的社会，在新加坡政府和人民决定共同面对未来的新挑战时提出，恰逢其时。虽然我了解本研讨会的目标是要在公众人士之间促进和灌输强烈的社会感，讨论促进我国社会健康的途径和方法，从广义上说，我希望大家在讨论中不会忽视促进健康的更大目标。我这么说是因为我完全了解，我国政府和人民所决定的要建立一个刚强勇猛和有纪律的社会，必须有健康的人口做基础，如家庭计划、控制人口、环境卫生、有效的卫生服务、取缔有害事物、健康体魄和公共卫生……""主持开幕礼的卫生部长蔡善进在致开幕辞时宣布，政府决定从 10 月起推行全岛清洁运动。运动的目标是建立和维持清洁卫生的环境，同时要使新加坡成为亚洲最清洁美丽的都市。他促请各管委会利用他们的影响力，号召人民支持政府。"李光耀则在闭幕礼上讲话时指出："作为政府，我们每隔一段时间就得争取民众的支持。但如果我们关心环境，我们周围又有一批人加入关心我们的社区，那我们就能取得成功。首先我们知道非做不可的，我们会先解释，然后执行。与此同时，我们也开始教育新一代，让他们能有更高的标准。"于是，民众联络所管委会很自然地承担起向民众解释政府做出的诸如整顿街边小贩等政策及执法行为，并动员人们为健康社会贡献力量的任务。

应对 SARS（"非典"）危机

在应对 SARS 危机的过程中，新加坡基层组织也发挥了重要的作用。2003 年 4 月 19 日，对巴西班让果菜批发中心商联会副会长谢崇标（58 岁）而言异常难忘。同时也是西海岸基层领袖的他，在那天晚上 8 时许接到卫生部和警方的通知，说巴西班让果菜批发中心已证实出现新一波 SARS 病例，必须立刻关闭，要求他协助警方向商贩们传达信息。

他第一时间赶往批发中心，并召集其他商联会成员前来合力安抚几百名商贩的情绪，直至凌晨时分才成功劝服最后一名摊贩离开中心。隔日一早，他又出现在批发中心外头，阻止早市的商贩进入。商贩们的情绪同样高涨。他说："要商贩们丢下他们的菜，犹如丢掉他们的生计，大家的情绪都很激动，不愿意离开。我唯有厉声告诉他们事态的严重性，还给了他们我的联络号码让他们安心，才成功劝服他们。"[1]

要防止 SARS 在社区扩散，即时追查出与病例接触者的工作艰巨且重要。卫生部门便马上通过新加坡人民政协会执行此次行动。这之后，谢崇标和其他人民协会的基层领袖合作，马不停蹄

---

[1] 陈秋华.沙斯（SARS）疫情 10 周年基层领袖追忆以联络网拦截危机[N].联合早报，2013-05-01.

地追踪曾与"非典"病患接触过的人，负责找出过去几天曾到过批发中心的人。人协在短短36个小时内调动全岛84个选区办事处，组成寻人网络，协助卫生部追查并联系到2000多名与巴西班让受传染果菜商接触过的人，以及他们的亲友。这样，新加坡国家环境局才有可能在两天内确定需隔离者的名单，发出隔离令给2400人。同时，人协在多个巴刹（即菜市场）熟食中心设检疫站，鼓励摊贩定时测体温，以保障自己和顾客的安全。新加坡人民协会属下84个公民咨询委员会负责人陆续发动全岛各个巴刹和熟食中心的小贩在每天开业之前先量体温。体温正常的小贩，会获得一张贴纸，贴纸的颜色将每日更换。如果小贩或摊位助手因体温不合格而无法开业，各公民咨询委员会计划从社区福利基金拨出一些款项给予他们经济上的援助。

正因为基层组织在政策执行方面发挥的重要作用，在人民协会庆祝25周年的纪念献词上，李光耀指出："虽然人协的作风已经随时代变迁而改变，但其宗旨和任务照旧不变。人协和民众联络所是政府贯彻建国政策的工具。"[1]

协助政府抗霾

近两年，北京雾霾天频发，遭到了诸多网友调侃。有网友调侃："第一次来伦敦，第一次遇见大雾，他走丢了，眼镜都掉了。

---

[1] 林凤英.人协和联络所是贯彻国策的工具[N].联合早报，1985-06-30（1）.

这时，听到耳边柔和的普通话响起：'迷路了吧？你想去哪儿？我带你吧。'那人带着她七拐八绕，很快就到达了目的地。临别，看着他在雾气里模糊的面庞，她好奇地问道：'您是盲人？'他笑着回答说：'不，我是北京人。'"

其实，雾霾并不是我国的专利，一贯被称为"花园城市"的新加坡，在2013年6月，很不幸地沦陷为东南亚的"雾都"。一场场由种植业大国印尼烧起的田园之火，化为团团浓烟，伴着季风，把新加坡团团围困，让十面"霾"伏中的狮城人民叫苦连天却又无可奈何。每年的6—9月是印尼相对比较干旱的季节，印尼的种植业公司往往就在这个时候开始放火烧芭。而这个时间的季风正好把烧芭带来的滚滚浓烟吹到新加坡和马来西亚，让"雾锁南洋"成为每年一度的"奇观"。从印尼飘来的森林大火的烟霾，令"花园城市"新加坡在2013年6月中旬开始就无可奈何地直面了一场严重的空气污染灾难。一贯处于低水平的新加坡空气污染指数在6月的最后一周开始忽然飙升到100以上。在6月20日到22日，平均污染指数都在200—300左右，曾经一度创下401的峰值。这让没有领教过霾的厉害的新加坡人忽然感到无所适从。一时间，新加坡的各个药店门口排起买口罩的长龙，医院和诊所也排满了因为空气污染而咳嗽和呼吸不适的患者。

为了有效缓解烟霾带来的不利影响，新加坡政府想到了基层组织。新加坡卫生部和人协6月22日晚发出联合文告说，凡符合条件的公众可从当天早9时至晚上10时，凭社区保健援助计划蓝色医疗卡，或是经过一个简单的个人收入申报程序，便可在各大民众俱乐部与联络所，免费领取N95口罩。那些患有慢性疾病、心脏和呼吸系统疾病，并有困难获得口罩的公众，也可前往民众俱乐部或联络所寻求协助。领导抗烟霾跨部门部长级委员会的国防部长黄永宏医生在6月21日晚举行的记者会上宣布，政府将从即日起，为所有选区20万户低收入家庭送去免费的N95口罩，由于任务艰巨，武装部队将负责把口罩从仓库送至基层组织，再由他们分发给居民，协助居民应对烟霾问题。人民协会总执行理事长洪合成接受采访时向《联合早报》透露，6月22日，超过4000名基层领袖，早已率先向25个集选区的有需要居民分发人协本身存有的1万个口罩。① 另外，一些基层组织也将自己配有空调设备的场所开放给公众休息避霾，如义顺集选区民众俱乐部开放一些小房间让民众使用，马林百列集选区麦波申分区则将区内8个有冷气设备的居民委员会中心设为避霾"安全区"。为提高公众的知晓度，李显龙总理6月21日更是在个人脸谱（Facebook）上透露，政府将在居民委员会和公民咨询委员会办事处开辟更多有冷气设备的"避霾处"，并开放给公众使用。②

四、政党竞选的帮手：甘当间谍窥"敌情"

在新加坡独立之前，人民行动党在争取立法会议席位的斗争

---

① 黎远漪. 免费口罩今早9时起派发[N]. 联合早报，2013-06-23.
② 黄伟曼. 多区设"安全区"民众可到冷气会所休息避霾[N]. 联合早报，2013-06-23.

中，就非常重视基层组织的作用。1963年选举前，李光耀为了赢得选民，所做的一项重要工作就是逐个访问51个选区，为大选做好准备。在访问选区的活动中，人民协会功不可没。如何筹备，如何安排，如何辨认召集各区的地方领袖，组织欢迎活动等，这一切都需要有一批了解基层的工作人员来负责。人民协会责无旁贷地挑起了重任。李光耀在事后表达了对这些社区领袖的感激之情："人民行动党如果在1963年败下阵来，新加坡的历史就会不同了。新加坡人民要感激这些公务员和民众领袖。"也正是1963年的这次大选，使人民行动党领导人决定加强基层组织建设，健全机构，派出可靠的人士出任基层领袖。可以说，1963年在新加坡基层组织建设和发展史上具有里程碑意义，也就是从这年开始，李光耀决定把基层组织制度化，成立选区公民咨询委员会和民众联络所管理委员会。这些组织成为人民行动党上台执政的有力帮手。

刘程强的无奈

2011年4月10日，久闻而始终不见的工人党"王牌"候选人陈硕茂，首次在工人党走访选区活动中亮相，并跟随由工人党秘书长刘程强带领的访问团队走访如切单选区选民。也就是在这次走访中，刘程强吐露了走访选区过程中的许多"无奈"——选民对反对党候选人认知度不高。针对选民对反对党候选人认知度的问题，工人党秘书长刘程强认为，选民对反对党候选人的认知度不高，主要原因是反对党不像人民行动党候选人一样，可利用获政府拨款的人民协会基层组织，来为他们安排走访选民的活动。刘程强同时质疑，这个基层组织是不是真的如它向来坚称的是一个非政治组织，并强烈批评它跟行动党之间的密切关系，对反对党不公平。刘成强指出："关键在于，（人民协会）是获政府拨款，虽然它声明是基层组织、非政治组织……不过它却以基层组织、居民委员会的名义主办活动、组屋聚会，邀请行动党候选人到场与居民交流。"他也以自己在后港的经历为例，指出像区内电梯翻新工程竣工仪式，身为议员的他并没受邀出席，接到出席邀请的反而是执政党的基层顾问。"很多选民问我，很多社区活动为什么是后港区第二基层顾问（朱倍庆）会受邀出席，而我竟然不受邀。最近居民面对一些问题，政府机构如土地局与基层组织主办的对话会也只邀请（执政党基层顾问）刘锡明，不请我。选民问起，我也只能说这是现实，他们（行动党）如何占优势。"刘程强认为，反对党没有庞大的资源和网络主办活动向选民伸出触角，不过行动党却可以利用人协的庞大基层网络展开竞选活动。①

与反对党候选人相比，人民行动党候选人享有巨大优势。在大选前，行动党议员一般都要到组屋区访问居民，与这种访问同行的是基层组织的鼎力支持。基层领袖们会提前几天将议员到访的日期和时间等消息通知居民。访问当天，他们走在议员前面，

---

① 林慧慧.工人党"王牌"亮相如切区 [N].联合早报，2011-04-11.

挨家挨户地敲门，先道明来意，并先了解华族年长居民的籍贯，好让议员能用他们所讲的方言跟他们交谈。整个团队总是浩浩荡荡的数十人。有时议员人还在十楼，基层领袖早已分几批，到九楼、八楼、七楼和六楼安排妥当。哪一层楼有多少户人家愿意开门，哪一层楼没人在家，都已经被详细掌握。在等待议员到来的间隙，基层领袖也会和居民寒暄，一方面是联络感情，另一方面也避免有居民因等得不耐烦而把门关上。议员一到，立刻和居民握手问好，不会浪费时间。基层领袖把整个过程都安排得如此妥当有效，确实令人不得不佩服。一名议员是否受居民欢迎，是否能在竞选时拉到选票，往往与在一旁默默相助的基层领袖及党工们所扮演的角色紧密相关。

优秀称职的基层领袖会把改善社区环境的功劳都归于议员领导有方，以为议员在未来的选举中赢得选票。某个选区发展得不错，居民很少会称赞基层领袖干得非常卖力，一定会说是议员很能干。议员和基层领袖水乳交融的感情，使得大选中基层领袖都卖力地为行动党议员拉选票。他们这种深厚的情谊，在大选时就能发挥显著的作用。平时大家各忙各的工作和生意，但是，选举工作一来，他们都自发地把事情搁下，全身心地投入工作中。竞选期间，准确掌握民心民情至关重要。议员若知人善用，便能让基层领袖成为他和民众之间的桥梁。在大选中，基层领袖更是为人民行动党拉取选票不遗余力。国会议员在本选区的活动有许多是由基层组织协助完成的。基层组织在争取选民方面扮演了重要的角色，尤其是在反对党的选区，基层组织的意义就更为重要。

由人民行动党成员担任顾问的基层组织主要发挥上情下达、下情上传的沟通作用，为选区内的贫困者提供社区服务，等等。在大选期间，基层组织在选战中更是竭尽全力，或做翻译，或提供行政或后勤服务，或应付那些抱有反对立场或对人民行动党有不满情绪的居民的投诉。这些基层组织通常会去咖啡店，同居民一起一边喝咖啡，一边就政治、国事等交换意见，了解民众的看法，向民众解释党及国家的政策，增进相互间的友情。

在大选政党竞争过程中，基层组织直接为人民行动党服务。基层组织与人民行动党支部一起在大选中担当了重要的协调角色，国会议员在选区的事务上，常常依靠基层领袖的合作，基层组织和国会议员达到了水乳交融的亲密关系。而就组织关系而言，人民行动党的许多活跃分子同时也是居民委员会、公民咨询委员会、民众俱乐部管理委员会的基层领袖，或者是社区发展理事会、市镇理事会的理事，这种人脉网的重叠，使得这些基层领袖在为社区服务的同时为人民行动党赚取了不少得分。所以，社区领袖的工作事实上是在为人民行动党赢得支持。在竞选活动拉开序幕之前，各基层组织就先行动起来。基层组织平时注意搜集民意，搞好群众关系，团结人民行动党的拥护者。大选来临时，动员一些活跃的社区居民和选民参加选举活动。在竞选期间，需要人手尽速张挂布条和张贴海报，也需要一些能将文字与图片配合好的高手，印刷宣传效果显著的传单，当然，还需要一批行动敏捷，挨家挨户派发传单的人。基层领袖义不容辞担起了上述重任。竞选本身就是一场艰苦的搏斗，没有热忱，就无法夜以继日地支撑下去。在反对党选区工作尤其如此。基层领袖有时需要日夜造访，增发传单，检查海报，不断"窥探"反对党的动向。每一名基层领袖都肩负重任，昼夜工作。从近几次大选中可以看出，反对党候选人参选的选区有逐届增加的趋势，2006年大选时，反对党竞争的席位数达到47个，占到国会总议席数的56%。其中在7个集选区形成与行动党竞争的态势，使人民行动党自1968年以来第一次没能"不战而胜"，即在大选提名日就获胜。2011年大选时，反对党攻打除丹戎巴葛集选区外的全部单、集选区，角逐87个议席中的82个，竞选议席的比例高达94%，这是新加坡自1965年独立建国以来举行的最激烈的一次大选。反对党竞选势力的逐届扩大，也使得人民行动党认识到必须把了解反对党在基层的活动作为一项重要工作。这项工作主要是由分布广泛的各基层组织来进行的。只有及时地了解反对党候选人的一举一动，人民行动党才能知己知彼，有针对性地采取行动。如有的基层领袖了解反对党动静的方法是和小贩们处好关系，这样一旦有反对党来本区活动，小贩们就会马上把反对党的活动情况告诉他们，甚至帮助购买反对党的刊物，搜集反对党的宣传单等。

戈麦斯事件预警

基层组织是人民行动党政府设置在基层的选情"预警雷达"。基层领袖将行动党的竞选策略的实际效果及时地反馈给行动党，以便行动党及时调整策略。

以 2006 年大选中的戈麦斯事件为例。戈麦斯（James Gomez），20 世纪 60 年代出生，毕业于新加坡国立大学政治学系；在 1999 年创办超越政党的论政团体"思考中心"（Think Centre）后，开始在新加坡政治界崭露头角；2001 年加入工人党，并在 2002 年当选为工人党第二助理秘书长。也就是这么一位政治人物，在 2006 年大选期间闹出了一场政治风波。按照规定，少数种族候选人在参加选举前必须向选举局提交少数种族候选人族群人身份鉴定书。2006 年，戈麦斯以印度族候选人身份参加阿裕尼集选区竞选，但在提名参加竞选之前，却遭到选举局拒绝。选举局对此做出解释：他没有上交少数种族候选人的族群人身份鉴定书。戈麦斯立刻做出回应，声称自己已经上交了族群身份鉴定申请表格，是选举局职员把表格弄丢了。选举局回放了当时的录像带，并查清事实真相。戈麦斯确实去了选举局，并向工作人员索取了少数种族候选人族群人身份鉴定申请表格。不过在填好表格后，他并没有上交选举局，而是把它放进自己的提包内，在与其工作人员闲聊几句之后就离开了。证据确凿，戈麦斯不但没有上交申请表格，反而试图将过错归咎于选举局官员。这场风波即为鼓噪一时的"戈麦斯事件"。

在"铁证如山"面前，戈麦斯只好道歉认错。真相大白之后，此事应该告一段落，但人民行动党各成员对此事"纠缠不休"，将"骗子""撒谎者"等骂名掷向戈麦斯，大有骂不死你不罢休之势，严重损坏了戈麦斯和工人党的形象。仅《联合早报》就有如下文章："杨荣文：戈麦斯表格事件，工人党欠选民一个'问责'"（2006年4月29日）、"戈麦斯事件发表详尽声明列举录像证据　黄根成指责戈麦斯有预谋对政府玩弄肮脏的把戏"（2006年5月3日）、"李资政：戈麦斯是骗子"（2006年5月3日）、"黄根成：戈麦斯制造假象误导选民"（2006年5月3日）、"许文远：戈麦斯如不是骗子，应马上控告指责他"（2006年5月4日）、"李显龙：戈麦斯行为，玷污整个选举制度"（2006年5月4日）、"警方：戈麦斯涉及形式恐吓与提供假资料"（2006年5月9日）。这些文章直接或间接地称戈麦斯玩弄政治把戏，抹黑选举局、抹黑政府；他是骗子，人格不健全，根本不适合当人民的代言人。2006年5月2日，副总理兼内政部长黄根成针对此事发表了详细声明，并爆出戈麦斯在选举局官员告之没有收到其申请表格时的谈话，[①]进一步说明戈麦斯对选举局工作人员的诬陷。

在这次大选中，工人党候选人戈麦斯作为印度族候选人，就是否将少数族裔的表格上交选举局一事，被行动党抓住把柄，将此事上升到工人党的诚信的高度，上纲上线，在报章电视上天天占据头条。在9天的选举中，有长达7天之久，内政部长、外交部长、总理、内阁资政都公开指责戈麦斯与整个工人党。人民行动党没有放过这一"天赐良机"，想给对手致命一击。可殊不知，在戈麦斯已经道歉的情况，人民行动党依然不依不饶，已唤起选民同情弱者的心理。选民开始对人民行动党的做法感

---

① 戈麦斯事件发表详尽声明列举录像证据　黄根成指责戈麦斯有预谋对政府玩弄肮脏的把戏[N].联合早报，2006-05-03.

到厌烦、不满甚至反感。基层组织感知了这一情况，并及时反馈给了人民行动党，很快，对戈麦斯的口诛笔伐在选举前两天戛然而止了。

同人民行动党相比，反对党基层的选情预警体系要落后得多，难免会有心有余而力不足之感。毋庸讳言，在没有强大基层选情预警的情况下竞选，反对党候选人如果要让选民刮目相看，就得比行动党候选人付出更大的努力。

"间谍网络"之争

基层组织选举期间倾向于支持人民行动党的做法一直饱受争议。无论是2006年大选，还是2011年大选，对基层组织是人民行动党"间谍网络""耳目"之类的质疑一直存在。2006年3月9日，反对党议员詹时中在波东巴西区接见选民后接受了记者采访。他是在1984年当选为波东巴西区议员，至2006年已将近22年。在采访过程中，詹时中认为如果反对党这次能攻下一个集选区，心理效应将会是非常惊人的。他以美国前总统肯尼迪时期所提出的骨牌理论来比喻集选区的情势。"如果一个堡垒被推翻了，其他的可能就如骨牌效应般倒下。我认为集选区的情况也会很相似。"当记者问詹时中反对党最有可能赢得哪一个集选区时，詹时中不愿做出猜测，而是一针见血地指出，以新加坡的选举而言，"反对党是处于遭受不公平对待的状态"。他指出，行动党政府在各个选区的基层组织所扮演的就是耳目的角色，用来控制所有的选区，并了解每个选区内所发生的事情。"但是，反对党却没有这样的间谍网络。"①

2011年大选期间，针对基层组织是否让行动党竞选时占优势的舌战中，身为后港区议员的工人党秘书长刘程强批评，执政的人民行动党利用人民协会的下属基层组织助选，对反对党不公平。工人党在竞选宣言中，提到应废除基层组织。刘程强认为，基层工作应由居民主导，不应含政治色彩，基层领袖应通过选举推选，而不是由人协委任。针对刘程强批评行动党利用人协基层组织帮它做基层工作，时任副总理兼国防部长的张志贤，访问阿裕尼—后港区时做出反驳。张志贤告诉《联合早报》："竞选期间，我们只用志愿者，并未动用居民委员会中心和资源。我们并不能这么做。""我们一直以来都走访家家户户，了解居民的忧虑。这没有什么不寻常，也不是竞选活动，我们只是到居民的家和他们见面，了解他们的忧虑，知道他们担心的课题有哪些。"②

对于基层组织是否是人民行动党的"间谍网络"，詹时中、刘程强和张志贤各有各的见解。我们一时无法判断谁对谁错，更无法评判谁说的是真话，谁说的是假话。但是，透过"基层间谍"林诗讵获总理表扬一事，读者或许对新加坡基层组织在竞选过程中的角色扮演会有更深入的了解。

1997年全国大选的竞选期间，一名行动党基层领袖为行动

---

① 蔡添成，周殊钦．詹时中要留守波东巴西[N]．联合早报，2006-03-10．
② 大选2011拉开序幕[N]．联合晚报，2011-04-11．

党助选不畏困难,到工人党的群众大会上分发行动党竞选传单,被数百名工人党支持者包围。面对危险,他保持镇定,心平气和地面对他们,最后顺利离开会场。这名基层领袖是哥本峇鲁公民咨询委员会秘书林诗讵。李显龙总理在2011年11月27日的党大会上,表扬他为行动党助选做出的贡献。61岁的林诗讵告诉记者,他和另外四五个同僚按行动党总部指示,到杨厝港体育场的出入口分发传单,给进入体育场参加工人党群众大会的人,传单的内容是关于反对党言论的反驳。他们的举动很快便引起其他工人党支持者的注意,许多人围上前看个究竟。虽然有警察在场,但都在距离他们约20—30米的地方,他担心如果人群一拥而上攻击他们,后果不堪设想。林诗讵在社区活动多年,有些住在附近的工人党支持者认出他,而其中两人刚好是工人党的干部,于是为他和其他党工解围,让他们离开。[1]有基层领袖如此刺探"敌情",我们不得不感慨:得基层领袖如此,人民行动党想不赢都难!

　　1968年以后,新加坡"一党独大"的政治体制正式确立。新加坡的基层组织开始了公开同人民行动党全面合作的历程。其中一个重要方面就是协助人民行动党在国会选举中取得胜利。基层组织的活动及对人民行动党的支持成为行动党执政地位延续中的重要一环。李光耀对人民行动党在基层工作的重要性予以充分肯定——请不要忘记真正的行动是在选区里。他还现身说法:"我

---

[1] 基层领袖不畏困难　林诗讵获总理表扬[N].联合早报,2011-11-28.

所学的第一堂政治课是：在国会里的演讲，效果比不上我下乡访问时所发表的演讲。国会里的演讲比较容易引起报章、现场观众和一部分知识分子的兴趣。但是，当我亲自到各选区访问，在街上和甘榜里向人民解释政策的时候，当我为人民解决选区的问题（譬如道路、沟渠、学校、联络所、兽医站、诊疗所、就业和住房问题）的时候，问题才算是解决了，我们因此能够在1963年，并且再度在1968年、1972年、1976年和1980年获胜。"不管是20世纪五六十年代人民行动党夺取执政地位，还是后来维持执政地位，离开了基层组织的支持，人民行动党的统治就很难在新加坡维持下去。对此，人民行动党创始人李光耀予以高度评价："基层组织的力量，对新加坡的成功向来起着关键性的作用。从20世纪60年代到80年代，基层组织协助政治领袖和人民建立起密切的关系，同时也协助培养共识。"这些基层组织是人民行动党与民众联系的桥梁和纽带。在选区和社区组织有序的党支部会进一步帮助加强人民行动党的权力基础，并确保人民和政府在基层层面的不断接触。正是这两类基层组织的桥梁和纽带作用，为人民行动党赢得了民众的支持，赢得了选票。

行动党议员的摇篮

社会基层组织还通过整合传统政治势力、争取妇女和青年的认同与合作而为行动党罗致人才。新加坡的传统政治势力主要是指新加坡的传统地方领袖。这些地方领袖往往不是因为他们的职业上的成就，而是凭借个人的资历、经验、被普遍认同的智慧和个人魅力甚至财富，而获得民众认可并被赋予一定的权力。他们是组屋区广大民众中的中坚分子。新加坡前任总理吴作栋认为："在当今这样一个快速发展变化的世界里，组屋区的广大民众往往在维持新加坡的核心价值观和社会稳定方面扮演着重要的角色。没有他们，就没有安全、稳定的新加坡，就没有新加坡的体制，也就没有'新加坡'这个品牌。"可见，传统地方领袖对新加坡政治和社会的发展有着重要的意义。行动党政府将这些有能力、有声望的人，吸收到社会基层组织里，实际上是在拉拢他们，这样不仅使得行动党可以利用他们动员群众的力量来击败反对党，同时也可以防止这些传统领袖脱离行动党而变成独立、强大的潜在反对党。毕竟，行动党所奉行的精英主义与推行的好政府理念很容易孤立、疏远这些传统领袖。

人民行动党领袖李光耀就曾在行动党干部大会上，谈到网罗人才与政治稳定的关系。他说："行动党一旦停止罗致人才，就会变得脆弱，如果我们把正直而又肯献身的能干人才排除在外，那么，当他们发现事情不妙时，他们会有两个选择：在国家垮台之前一走了之，或者向人民行动党的统治权挑战。"而行动党政府所开辟出这样一个社会基层组织网络，也就为传统领袖们开拓了一个保护空间，使得他们的能力能够很快地发挥出来，并且他们的意见也能从上层得到反映，而他们的地位在社区里也得到了尊重。同时，核心社会基层组织领导人往往被当成行动党自己人一样看待，行动党领导也经常给他们以很高的荣誉、权力，甚至委以重任，赋予实权。

为行动党吸纳并培养政治精英，是社会基层组织的另一项重要功能。一方面，许多行动党的活跃分子在基层活动中被发掘，甚至有些民众因为对社会基层组织的活动感兴趣而入党。例如，拉丁马士人民行动党青年团主席陈锡清曾说："我觉得党是个能有效地推行社区服务的组织。它的影响力更大，因为我们可以仰赖社会基层组织和志愿团体的网络的支援。我就认识一些人，他们跟我一样，为了能更积极地参与社区活动而入党。"另一方面，社会基层组织是行动党栽培议员的"花圃"。长期参加社会基层组织活动，与民众密切接触的独特优势，使得行动党候选人比其他党派候选人与选民的关系更近，也就容易赢得选民的支持而成为议员。这些出身基层的"草根议员"非常具有亲和力，"能够以居民熟悉的语言，在相同的频率上进行交流。在居民的眼里，他们不仅是议员，还是能够一起活动、值得信赖的朋友"，进而拥有了持续而稳固的群众基础。正如新加坡前总理李光耀所说："全国84个选区的社会基层组织，何尝不是栽培议员的花圃？"此外，社会基层组织的成员及义工往往会在大选前后变身为"大选幕后的英雄"，以草根党员独有的基层优势和执着的奉献精神支持行动党的竞选活动。精准地设计扩音器和竞选海报的摆放、张贴的地点及数量，安排决定走访私人住宅区选民的最佳时间等琐碎事情，都是社会基层组织协助行动党支部"备选"的主要内容。

优秀政治人才的短缺对于奉行精英政治的人民行动党来说无疑是难解的心头重压，能否延揽到优秀政治人才不仅关涉人民行动党的执政能力，同时也影响到与反对党的人才博弈，因为优秀政治人才是有限的，如果人民行动党不把优秀政治人才网罗进党内，他们就是潜在的政治对手，所以，人民行动党十分重视优秀政治人才的发掘与延揽。尤其是进入21世纪后，人民行动党吸纳新鲜血液的工作比以往更加困难，越来越多的年轻成功人士表示对从政毫无兴趣。主要原因有两条：一是年轻一代的新加坡人越来越珍惜自己的休闲时间与私生活。他们知道，一旦成为国会议员，为了与民打成一片，他们不得不参与各种选区活动，这意味着他们必须牺牲自己的休闲时间。二是新加坡一片繁荣安定，人们也少了出来从政的那股冲动。在这种背景下，社会基层组织担负的为人民行动党输送政治人才的任务就显得尤为重要。

在每次人民行动党大选中涌现出的新人中，有很大一部分出自基层组织，有些已经做基层领袖多年。因为基层领袖都是人民行动党及其政府的拥护者，他们热心公益事业，具有爱心，同民众有着密切的联系，同人民行动党所中意的新人的素质非常接近，所以这些人更容易被人民行动党看中。

如在2001年人民行动党推出的25名新人中，从基层组织选拔出来成为议员候选人的有18人，占这些新人的72%。人民行动党的许多候选人已经在党内基层组织或福利团体服务了一段时间，在日常工作中，人民行动党会有意识地考察他们在基层的办事能力。一旦发现他们并非诚心实意地要服务人民，人民行动党就不会推选他们当候选人。基层组织的经历不仅仅是锻炼人民行动党新血液的过程，同时也是人民行动党考察候选人的重要渠道。

即使是没有基层组织工作经历的黄守金、巴拉吉等，也在大选前后被安排到基层组织工作。说基层组织是人民行动党的人才储备基地实不为过。以下简要列举几个来自草根的行动党议员候选人。

刘锡明，1999年起担任后港基层组织第二顾问；

司徒宇斌，1990任崇文公民咨询委员会委员，后任波东巴西基层组织顾问和波东巴西社区发展理事会主席；

潘惜玉，1986年起参与当时的大巴窑集选区的一个福利与教育委员会，后在碧山东基层活动，大选前主要在阿裕尼集选区巴耶利峇区服务；

王世丰，上大学时就加入了居民委员会和公民咨询委员会；

黄永宏，2000年起在淡滨尼集选区和碧山—大巴窑集选区参加基层活动，大选前在大巴窑东基层组织活动；

再努丁，马西岭居民委员会委员，人民行动党马西岭支部助理秘书和青年团副主席，大选前在碧山—大巴窑集选区活动；

颜金勇，2000年起担任实乞纳南民众联络所管委会委员；

卡立斯，2001年1月起，协助交通及资讯科技部长、油池基层组织顾问姚照东接见选民，并参与基层活动；

尚达曼，过去10年积极参与社区服务；

哈莉玛，在三巴旺集选区参加基层工作；

刘梦琳，从1995年起，就在尚育区协助该区议员简丽中进行接见选民的活动，并从事其他基层组织工作，大选前是行动党青年团（尚育支部）主席，以及行动党青年团（东北区）秘书；

伍碧虹，过去已在尚育区跟随教育部高级政务部长简丽中实习；

符致镜，1999年起，协助丰加集选区原议员、交通及资讯科技部长姚照东接见选民，并积极参与基层组织活动，大选前协助卫生部长兼财政部第二部长林勋强在西海岸集选区的基层工作；

何玉珠，1998年起参与甘榜格南区的基层工作，是甘榜格南公民咨询委员会和民众俱乐部管理委员会成员，同时也在文礼区协助议员接见选民；

邝臻，1993年起从事基层活动，是甘榜菜市选区公民咨询委员会和民众联络所管理委员会委员、选区体育俱乐部主席，同时他也是东海岸市镇理事会理事。自1995年以来任财务委员会会员，并在1999年6月成为委员会副主席，1997年至今担任人民行动党青年团马林百列区主席；

李伟仁，1987年起活动于丰加集选区，2000年受委任为三巴旺—丰加社区发展理事会理事，2001年8月起在三巴旺集选区服务；

马力基，宏茂桥静山社区发展理事会公共事务委员会主席，2001年1月至6月间协助外交部高级政务次长再诺在榜鹅东区会见选民，2001年下半年开始转到乌鲁班丹区服务，大选前担任乌鲁班丹区家庭服务中心管理委员会顾问；

庄永昭，积极参与基层组织活动，协助宏茂桥—静山集选区议员王章明在惹兰加油接见选民，协助波那维斯达基层组织顾问林瑞生（环境发展部代部长兼交通及资讯科技部政务部长）接见选民，大选前参与丹戎巴葛区集选区的基层组织活动。

2006年的大选，在新推出的24名新人中，绝大多数也有过基层组织的经历。以至有评论说：让党员从基层走入政治核心，似乎成了行动党培养政治接班人的另一个做法。

在新加坡大选史上，来自基层组织的候选人往往能取得比较高的得票率，成为"得票王"。说草根议员是行动党得票率的保证并不夸张，因为他们掌握基层人脉，形成反对党攻不破的堡垒。如王雅兴从20世纪70年代就在选区基层与工运服务，在1997年大选时以61%的得票率击败代表新加坡民主党的前议员蒋才正，当选为义顺中区议员。2001年大选的得票率更高达78%。义顺中区是个乡村色彩浓厚的选区，居民大多数曾住在义顺的乡村。区内中下阶层选民有2.3万名，约占选民人数的七成。中下阶层选民所需要的援助较多，对生活的不满和积怨也深。王雅兴自10年前，每天傍晚放工之后，到区内咖啡店和组屋区同选民交流。这个选区的居民一般是以方言和华语交谈，讲感情、讲交情，如果没有基层实力，是很难讨到便宜的。

很多人民行动党支部还会同其他基层组织举办青年领袖训练课程，目的是为了发掘具有领袖潜能的年轻人，培养和训练领袖人才。青年领袖训练课程理论与实践并重，理论课程包括领袖素质、会议学、人际关系、青年人的价值观等，实习包括远足、社会服务、露营和小组报告等，使学员在国家的发展与政治演进、青年人与家庭价值观、团体的活动与组织、个人的社交礼仪，以及与他人的关系和沟通上有更大的进步。

第二节
社会角色的充当：基层组织的存在理由

除了充当重要的政治角色，新加坡各基层组织在社会活动方面也发挥着积极的作用。正如曾任人协副主席的吴庆瑞博士所言，人民协会是一个独特的组织；对于政府推行的各项政策，人民协会协助人民了解，发动群众支持，但它又不只是新加坡政府行政的一环；它还集合新加坡的公民，包括全职的专业工作者和志愿人士共同参与为社区提供特别服务的活动。长期以来，新加坡各基层组织通过举办丰富多彩的文化教育、娱乐、体育和社交活动，吸引着不同种族、语言、年龄和收入的各阶层人士参加，从而在推动社区康乐活动、促进种族和谐和增强社会凝聚力方面发挥着重要作用。具体说来，新加坡基层组织充当的社会角色表现为以下几个方面：

一、社区康乐的舞台：政府搭台民众唱戏

第二次世界大战前，殖民政府统治下的新加坡人民很少有康乐共享的机会，因为康乐活动贵得"高不可攀"。今天的新加坡，几乎人人都可以从事各种消遣活动。至于幼儿园，一度曾被认为

是贵族儿童的教育，今天已非常普遍。那时，如果你拥有一支口琴，那可是件天大的事，现在一般人都可以买到这种乐器。芭蕾舞如同英国爵士一样高贵，与旅游、拥有游泳池一样属于梦想。现在，瑜伽、射箭、摄影、潜水、深海捕鱼等，都是联络所熟悉的活动项目。人民行动党政府推动社区康乐方面最大的成就，莫过于为广大人民群众康乐活动搭建了平台。

取得重大突破

在19世纪和20世纪上半叶，殖民政府对社区发展事业并不热心，也很少过问本地人的教育和福利事业。这一方面是由于新加坡正处于开发时期，经济还很落后，殖民政府无力顾及这些事情；另一方面则是因为殖民政府与下层群众缺乏沟通，互相都疏于来往，而且移民的流动性很大，殖民政府难以建立起能够进行有效管理的基层组织。因此，殖民政府的策略是与群众自发建立的组织建立联系，通过它们进行自己鞭长莫及的社会管理。

这样看来，早期新加坡的社区发展和基层活动是靠民间推动的。早期的社会基层组织主要是分属各种族的地缘、血缘集团，如方言组织和宗亲组织，甚至秘密会所也在相当程度上发挥着基层组织的作用。这些组织依靠各自的文化、宗教和物质的力量，吸引着其成员的忠诚和支持。在维护和促进本种族、本社区成员的生存和发展方面发挥着重要的作用，在教育、卫生和其他社福利方面也做出了积极的贡献。然而，随着现代化进程的深入，这些带有浓厚传统色彩的社会基层组织，显得越来越难以适应工商业社会的需要，其消极面变得越发突出了，因而其作用越来越有限。

在第二次世界大战中，英国人尝到了失败的滋味，高人一等的情绪受到了重创；又由于华人和英国人并肩战斗，在反日战争中做出了贡献。在这一过程中，"下层"与"上层"建立了感情和联系。因此，殖民政府在战后对社区发展态度变得比较积极了。正是在这种背景下，殖民政府建立了第一批民众联络所，并交由当时的福利厅管辖。由此可见，民众联络所当时主要是一个福利性的组织，负责本地村民的一些联络和互助活动，如传达来自殖民政府的政治信息，向上反映民情，组织村民进行联谊和互助活动，为有生活困难的人提供来自政府的救济和帮助等。但是，由于战后的新加坡百废待兴，殖民政府一时没有能力投入更大的人力和物力来进行联络所的建设。加之当时的民族主义情绪逐渐高涨，民族矛盾日益加深，殖民政府进行的基层组织建设更难有所发展。这种局面一直持续到1959年人民行动党上台执政。

20世纪60年代，新加坡基层组织的主要精力集中在维护社会与政治稳定上，在推广文化活动方面的努力并不突出。随着新加坡国内政治趋于稳定，新加坡各基层组织为增进民众的文化意识，推进新加坡文化的发展尽了自己的一份力量。人民行动党政府在社区康乐方面十分注意发挥基层组织的作用，政府主要是搞好规划、制定政策和提供资金支持，各种具体康乐活动的组织则由基层组织承担。现在新加坡的文化活动相当普及，两年一届的艺术节由于世界各地表演艺人的参加，水准不断提高；街头美术、学校话剧、本地创作戏剧、新谣音乐会等文化活动和芭蕾舞、歌剧、音乐会、戏剧等文艺演出更使新加坡的文化生活多姿多彩；而这一切的背后，人们都可以看到基层组织的身影。

层出不穷的各种活动

人民协会在推广社区康乐活动方面功勋卓著。为了推广康乐活动，人民协会于1965年成立了文化组，负责推广基层文化工作，并协调各民众联络所和人协总部的文化活动。在推广文化艺术工作方面，人协采取两种策略：一方面，人协通过民众联络所推广多方面的文化活动，开办了各种艺术、音乐与舞蹈课程，以低廉的收费吸引公众参与；另一方面，人协也致力于迈向艺术的最高峰。人协鼓励各民众联络所的音乐、舞蹈或戏剧班里的学员，参加各自的文化团体；人协从各方面支持这些文化团体，资助活动指导员的费用，经常为这些团体提供演出机会，让其可以在国庆等重要节日呈献自己的节目。这类演出能激发团员们不断进取的精神，同时又能把形式各异却又充满活力的艺术带给人民大众。

人协在推广康乐活动方面能做到经常注意文化活动的新趋势。新谣和卡拉OK演唱，是20世纪80年代末才流行的活动，为了大力推广这两种活动，人协举办了全国性的比赛，使人协的康乐活动走在了文化潮流的最前沿。随后几年,人协各文化组先后成立了新谣小组和卡拉OK俱乐部。除了歌唱之外,许多新加坡人也在闲暇时间学跳交谊舞。近年来,恰恰、伦巴、华尔兹和狐步舞成为许多社交舞热爱者的主要学习对象;为了推广并使这些社交舞成为卓越的活动,人协在1988年和1990年主办了新加坡标准舞锦标赛。人协文化组在保留、推广民族舞蹈与音乐方面的成绩也可圈可点,例如人协成立了全国第一个也是新加坡唯一的一个印度交响乐团,人协华乐团则是华乐团当中资格最老的乐团。人民协会不仅组织丰富多彩的康乐活动,还提供各种进修教育和学龄前儿童的教育服务。进修教育的基本宗旨,是鼓励人们利用闲暇时间从事创新活动,及使志趣相投的人有机会聚在一起;如今,进修教育已从原来提供职业训练课程逐步转变到为民众举办休闲与教育活动。人协进修教育组现开设几十种进修课程,分为美容、电脑、烹饪、插花、语言、纺织手工艺和观赏艺术等若干大类。这些满足不同兴趣、爱好的进修课程,有助于人们享受更具创意的闲暇时间。从1964年起,人民协会开始开办幼儿班,对儿童进行学龄前教育。40多年来,已有几十万儿童在人协开办的幼儿班接受过学龄前教育。开办幼儿班取得经验后,人协于1979年试办日间托儿服务。自1985年以来,人协迅速扩展日间托儿服务,以支持政府鼓励妇女参加工作及多生育孩子的政策;如今,人协幼儿班和日间托儿所已成为新加坡儿童健康成长的快乐天地。在可预见的将来,人民协会将继续通过开展各种各样的文化活动,为把新加坡建设成为一个更富有文化气息的社会而努力。

民众联络所在推广社区康乐活动方面成效显著。通过民众联络所，使种族、语言、宗教和文化各不相同、从前习惯于生活在不同圈子里的人们聚集在一起，共同参与各种康乐和休闲活动，这是联络所的重要宗旨。民众联络所举办的康乐活动种类繁多，其中包括马来鼓、华乐、马来铜乐队、儿童流行乐队、儿童合唱团、新谣及卡拉OK演唱等。20世纪60年代初期，许多民众联络所都建在乡村区，当时的设备虽然简陋，各方面条件也不是很好，但还是很有吸引力。每当一个新的联络所开幕时，通常有文娱表演助兴；当时尚不普及的电视也能吸引大批民众前往民众联络所，篮球、乒乓球也颇受欢迎。60年代后期，民众联络所举办的活动越来越多，如武术比赛、拳击、举重、烹饪、制花、马来武术、健身操及钩针与编织等。80年代兴建的大型居民联络所，外观和内部设施更加现代化，设有电脑室、舞蹈室、多功能礼堂、隔音室、壁球场及健身室等各种设备。大型民众联络所向所有公众人士开放，开放时间从早晨一直持续到晚上。现代化大型民众联络所推出诸如纸黏土艺术、个人仪态、室内装饰、插花艺术、电脑程序编写、吉他、钢琴、小提琴、合唱、戏剧及马来民歌等许多有趣的课程，以迎合一个越来越富裕的社会不断改变的需求、兴趣与愿望。人协扩建和改进了水上运动设施，在所有大型民众联络所成立乐龄俱乐部，进而使联络所成为老年人康乐的天堂。现在，参与民众联络所举办的各种活动的民众每年都有数百万人次。

居民委员会在推广社区康乐方面功不可没。居民委员会在社区康乐方面所扮演的角色更明显，它不仅是政府联系群众的纽带，负责举办各种福利事业，而且还通过组织形式多样的活动来促进邻里和睦、种族和谐和社会团结，这些活动包括：邻里守望、民防演练、家政课程、教育旅游、民众对话会、唱歌和社区联欢会等等。

邻里守望。新加坡良好的治安环境是举世公认的，这除了严厉的刑罚外，新加坡警察于20世纪80年代全面推出的"邻里守望"计划也是功不可没的。该计划其实就是发动居民，运用社区力量，结合具有新加坡特色的邻里警岗制度，预防、打击各种犯罪活动。他们的做法是：在住宅楼中，同一楼层的居民组成一个"邻里守望小组"配合邻里警岗的警务人员，共同维护邻里治安。

二、种族和谐的"和事佬"：掐灭族际冲突的火花

新加坡地处马来亚半岛南端，位于马六甲海峡要冲，是一个天然海港。19世纪初，当时名为淡马锡的新加坡成为英国在东南亚的殖民地，并迅速从一座荒芜小岛发展成为一个繁荣的贸易港口。随着新加坡经济的发展，大量的劳动人口移居到新加坡并逐渐形成了华、巫、印、欧亚四大主要种族。确保多种语言、多种文化、多种宗教组成的社会团结一致，这对实现社会和谐极为

重要。新加坡基层组织在实现建立一个和谐的多元种族国家的建国目标中的独特作用，正是它们存在的重要理由。

种族冲突的种子早已埋下

新加坡种族矛盾的种子早在英殖时代就已埋下。英国对于岛上的种族大体采取了分而治之的政策，将岛上各族分开并让各族自行管理。欧洲镇位于新加坡河北岸，邻近政府区域。穆斯林人口（包括土著马来人、阿拉伯人和武吉士人）居住于欧洲镇东部。华人居住在河南岸，邻近商业区，印度人居住于南岸上游区域。英国统治者只是希望利用新加坡的地理优势与亚洲"客工"（从事低工种体力劳动的外来人员的中文名称）的劳动力来巩固他们在东亚的商业利益，只要岛民不闹事就基本不介入。而当时岛上居民多自视为侨民，是岛上的过客，在攒够钱后就回乡。所以，无论是英国统治者或是岛上的居民，根本就不会考虑各族有交流的必要。

在殖民地时代，新加坡社会分化的现象非常严重，殖民政府统治下"分而治之"的策略可谓无孔不入。比如当时的警察部队，除了侦探组，几乎是清一色的马来人；通信行业如电话和电台则是欧亚人的天下；在港务局和军港工作的绝大部分是印籍工人；少部分会讲英语的华人在行政部门和大洋行服务。除了种族界限外，华人社会也四分五裂，不同方言籍贯的人聚居在不同的地方。所幸的是各族之间相处也算融洽，这时期的社会不安因素主要是按族群与籍贯结社的私会党。殖民地时期，由于殖民政府只提供基本的公共服务，许多初到新加坡的华侨在异乡生活困难，就靠加入乡会与私会党以寻求庇护。这些私会党按籍贯结社，服从华人重乡土、轻家国的精神，经常携器相互私斗，严重威胁治安。

第二次世界大战以后，全世界掀起了殖民地寻求独立的热潮，马来亚半岛上各族的民族意识骤然苏醒，而岛上各族之间的矛盾也相应而生。除了上述按族群与籍贯结社的私会党，新加坡的政治局势也越来越不稳定。马来亚共产党在二战后成为马来亚的合法政党，但在1948年"马来亚紧急状态"时期走入森林成为地下武装组织。当时，几乎所有马来亚共产党党员都是华人，华族与其他种族之间的感情因此又多出了一道裂痕。

1945年，英国重新占领马来亚（包括新加坡）后，在民族主义的压力下不得不进行一些形式上的宪制改革，允许殖民地有某种程度的自治，并通过"联合邦协定"对新、马实施分而治之的政策。1955年，新、马分别举行了大选。由巫统、马华公会和印度国大党组成的联盟赢得马来亚大选，并趁势向殖民政府施压要求独立。1957年8月31日，马来亚独立，此后马来半岛的政治由巫统主导。新加坡则于1959年获得独立并在人民行动党的主导下发展。在种族问题上，新、马两国的政策是迥然不同的。马来亚坚持种族主义，而新加坡奉行多元种族主义。因此，在1963年马来西亚成立后，新、马始终围绕种族问题争执不休。人民行动党提出十分有影响力的口号："马来西亚人的马来西亚。"

并且该党在马来西亚的地位越来越高,直接威胁到巫统的统治地位。最终,巫统领袖将新加坡撵出马来西亚。这期间,巫统煽动种族主义分子挑起种族冲突及骚乱。剧烈的政治斗争,使人民行动党深感建立群众基础的重要性,而严峻的种族问题,迫切需要种族"和事佬"居间调停,于是,人民行动党政府想到了社会基层组织。

玛丽亚·赫托暴动

早在20世纪50年代,新加坡便陆续发生了几起种族暴动事件,其中影响力最大的是1950年的玛丽亚·赫托暴动。玛丽亚·赫托是一对荷兰夫妇在二战时期遗留在新加坡的女孩,该女孩交由一户马来人家抚养。战后,荷兰夫妇通过法院取回孩子的抚养权。这本只是一起抚养权的争夺案,但英文与马来媒体却迅速将事件升级为一起回教与天主教、马来族与欧洲人的矛盾,并引发了种族暴动。这起暴动持续了两天,造成18人死亡,173人受伤。

种族暴动的火花在玛丽亚·赫托暴动之后持续点燃。20世纪60年代,在种族分子和巫统极端主义政客煽动下,新加坡又发生了两起种族流血冲突。1964年7月21日,酝酿已久的种族冲突终于像火山一样爆发。那天是回教徒纪念先知穆罕默德诞辰的日子。当天下午,200多个马来组织在政府大厦草场举行集会,会后人群沿着圣安德烈路、美芝路、维多利亚街和加冷路一直游行到芽笼。下午5时左右,在游行队伍抵达加冷桥靠近煤气发电厂时,一群参与游行的人离开队伍,华族警员劝他们归队时,引发离队马来人群的不满，华族警员被痛殴一顿。消息传出后，华人开始在街上殴打马来人。殴斗很快演变成暴乱，并迅速蔓延开来，成为种族暴乱。政府迅速采取行动，从中央政府请来镇暴警察，宣布戒严，但是由于警察偏袒马来人，血腥冲突仍持续发生。到8月2日为止，共有23人丧命，454人受伤。同年9月，正当局势得到控制时，一名马来三轮车夫在芽笼士乃靠近樟宜路的地方被人刺杀，凶手逃脱。马来人认为是华人干的，所以展开报复行动，于是又触发了另一次暴乱。这次暴乱和前一次暴乱相距只有两个月，造成12人死亡，109人受伤。

化身"和事佬"

两次种族暴乱发生后，人民协会临危受命，奔向战斗最前线，充当"和事佬"。人协召集各族社区领袖，在联络所共商如何恢复种族和谐、制止悲剧重演等大事。在许多地方，联络所所长一马当先，与挺身而出的社区领袖们组成各族亲善委员会，以避免悲剧再次上演。新加坡立国之初，民心涣散，各种族间相互猜忌。因此，安抚民众，重塑族群关系成为首要任务。1964年的种族暴动事件之后，政府在多个选区成立了"亲善委员会"以安定民心。亲善委员会由村长、宗主、宗教与社区领袖等德高望重的人组成，被赋予修补族群关系的重任。最早的一批亲善委员都是回教堂与宗乡会馆的要员，他们在自己族群内有名望与号召力，能够在一定程度上代表自己的族群。族群冲突事件爆发之后，亲善委员们急忙与国家领导人走访乡里，否定伴随暴动相应而生的谣言，并消除各族之间的敌意与仇恨。一旦有什么风吹草动，亲善委员们会马上利用联络所开会并制定策略，舒缓各种族之间的紧张关系。他们的努力没有白费。1964年以后，除了在1969年再次爆发了一起族群冲突外，各族相处基本融洽。新加坡的社会如今能够和谐，经济发展、法纪严明与组屋发展政策固然是关键，但当年的亲善委员会更是功不可没。1965年，亲善委员会正式更名为公民咨询委员会。

基层组织的职责便是在上述那种民心涣散、族群互忌的时代背景下被赋予凝聚国人的重责。新加坡建国总理李光耀在成立人协的时候说，政府在贴近人民、了解民情的同时，也必须向他们灌输对社会建设有利的价值观。他指出，政府成立人民协会的目的就是要"（为民众）培养对我们的社会建设有利的社会素质"，以实现"一个民族，一个新加坡"的愿景。作为一个"柔性"机构，人协不能像警察或军队那样利用法律与武力强制规范民众的行为，而是必须以怀柔的方式将民众彼此心中的负面情感化于无形。人协成立之时，新加坡尚未立国，还是英国殖民地，只是拥有一定的自主权。当时时局极为动荡，前途茫然。导致社会不安的是种族、政治与治安三大问题，而这三大问题之中又以种族问题为根本问题，也最为棘手。

面对这种局面，李光耀等政府领导人深切地认识到，有必要通过某种手段来化解种族隔阂，使国民能超越种族界线，融洽相处。人民行动党上台后所采取的重要手段之一，便是成立人民协会等基层组织。李光耀指出:"人协成立的宗旨就是要把各个离散和几乎是各自为政的社群和族群拉在一起,超越种族、语言、宗教和文化的藩篱。人协必须把这些多元的群体拉在一起参加各种休闲、社交和教育活动,这类活动都是非政治性的活动。"[1]早在人协成立之前,李光耀已经对人协的任务成竹在胸,即通过各团体,逐渐在全岛形成一个基层组织网,协助政府实现塑造一个和谐社会的目标。也正因为如此,1960年7月1日,人民协会创立时便把自己的宗旨公诸世人:"在没有政治干预之下,通过文娱、教育活动计划,打破种族、语言、宗教和文化藩篱,达到一个和谐融洽的社会。"[2]

20世纪60年代可以说是人民协会协助政府塑造一个种族和谐社会的奠基年代。在政治动荡不安的背景下,人民协会动员群众到各个联络所聆听李光耀和其他政府领袖、国会议员对重要课题的分析和讲解,或是参加各种由联络所主办的康乐活动,这些都是社会和谐过程的开始。在乡村区,人民协会想出了一个能把不同种族的群众拉在一起的好办法,即组织文娱演出。人协文娱演出的节目刻意表现出多元性,使得各族人民都能欣赏到彼此的歌曲、舞蹈和音乐。人协文工团为了打破种族藩篱四处表演,这是一个很有效的做法。由于李光耀等领导人主持的演讲、座谈,一般只能吸引到男性出席。在那个时代,妇女仍然秉承亚洲社会

---

[1] 转引自:吴俊刚,李小林.李光耀与基层组织[M].新加坡:胜利出版私人有限公司,2000:35.
[2] 郑亦瑜.为民服务二十五年[N].联合早报,1985-07-01(4).

的旧传统，不过问政治。但文娱演出则是男女老少和华、巫、印各族皆宜的活动，因此影响面极广。有时，人协也刻意安排不同种族的演员表演其他民族的舞蹈，这对于消除各种族之间的文化歧见，也起到了一定的作用。如今，在新加坡的许多建筑物上，都能看到四个紧密相连的红色圆圈，这是人民协会的会徽；它象征着构成新加坡人口的华族、马来族、印度族和其他种族的紧密团结。

民众联络所在促进新加坡种族和谐方面所扮演的角色也不容忽视。人民行动党执政后，联络所的大量兴建可以说是政府多元种族政策制度化的一个具体步骤；而在各联络所开展的形式多样的各种活动，则都是为了塑造一个和谐的新加坡而服务的。1960年1月9日，李光耀在为行动党上台后兴建的第一间联络所主持开幕仪式时，便预见到了联络所在促进种族和谐方面的重要作用，他告诉国人："这是你们的民众联络所，是为你们的利益和用途兴建的，应尽量利用它……让这民众联络所成为你们自身和你们的子女休息、娱乐的去处，让它成为你们和邻居们能聚集在一起彼此更加了解，从而冲破种族间藩篱的地方。"[①]新加坡人不分种族、语言、收入和年龄，都可以参与民众联络所主办的各种活动；在丰富多彩的活动中，不同种族、不同文化与宗教的人民可以打成一片，从而达到种族和谐、社会团结的目的，使国家建立在一个稳定的基础之上。诚如李光耀所言："联络所不但是一个来自不同收入和不同阶层人民平等接触的俱乐部，受过较好教育

[①] 李光耀为人民行动党第一间联络所——克罗卜区民多路联络所主持开幕典礼[N].南洋商报，1960-01-10（3）.

和比较能干者，为这个俱乐部组织各项活动，让广大居民参加，也使我们避免了阶级和财富可能带来的社会分裂，保存了我们这个以个人才干为基础的社会流动制度。"[①]民众联络所举办的社交和休闲活动，既能避免青少年误入歧途，又能使邻里关系更加和睦，有助于加强社区凝聚力。精力旺盛的少年能在民众联络所打篮球；妇女们在设备简陋的教室里学裁缝，还能补贴家用；傍晚时分，老少街坊也会聚集在联络所看电视。

民众联络所是族群的中立地，所以当爆发了种族冲突时，这里也就成了混乱中的避风港。族群领袖也会利用民众联络所作为开会商讨修补族群关系的场所。李光耀当时指出，民众联络所的宗旨是"成为孩子们在白天，成人在夜晚休闲的安全阀"。

新加坡的基层组织网络，正是在20世纪60年代发生种族流血冲突后，逐渐孕育形成的。40多年来，基层组织网络一直是维系和促进新加坡种族和谐的重要机制。因为有了这个网络，在必要时，政府就能很快地启动机制，以达到维系社群团结的效果。例如，美国"9·11"恐怖袭击后，新加坡内部安全局在2001年12月9日至24日展开搜捕行动，破获了本国一个与阿富汗境内"基地"组织有联系的名为"回教祈祷团"的秘密组织，并逮捕了15名企图在新加坡从事恐怖活动的嫌疑犯。这曾引起各族群之间的不安情绪，政府随即通过基层组织和各主要宗教团体组织了"互信圈"，迅速有效地消弭了猜疑。[②]

[①] 林凤英.人协和联络所是贯彻国策工具[N].联合早报，1985-06-30（1）.
[②] 社论.社群领袖肩负新任务[N].联合早报，2006-01-25.

也正是因为基层组织在促进新加坡社会和谐方面所做出的巨大贡献，在人民协会庆祝 25 周年的纪念献词上，李光耀才会又一次指出："这些富有创新精神的基层组织，已经把我们这个多元种族、多元语言和文化的社会建成一个更加团结的社会。公民咨询委员会、民众联络所管理委员会和居委会的成员们都能挺身而出，共同协助政府实现其社会目标，并在不同种族、社会和经济集团人士之间，建立起更积极交往、互相合作的关系。"①

三、扶贫济困的使者：帮老弱病残者一把

度岁金计划

所谓"度岁金"，是指基金会、宗乡会馆或公会等机构或团体，为怜贫恤老，在农历岁末发给老人的红包。金额三五十元不等。每逢岁暮，新加坡的贫苦老人便四处奔走，忙着领取红包。给老人发度岁金，在新加坡已成为一种传统。作为人民行动党政府形象的化身，各基层组织对民众的生活尤为关心，特别是一些贫困家庭，会得到基层组织的关照。每年的农历新年，各基层组织都会主办新年聚会，邀请国会议员分发红包（度岁金）给区内的贫困家庭和年长者。

---

①林凤英.人协和联络所是贯彻国策的工具[N].联合早报，1985-06-30（1）.

2008年春节前夕，甘榜菜市区四个居民委员会及公民咨询委员会联合举办了"度岁金分发仪式"，共准备了110个装满日常用品如米粉、牛奶、食油、罐头等各值70元的手推车，让受邀的贫困年长者每人推一车回家。年长者还分别获得了价值40元（给贫困者）或120元（给领公共援助金者）的职总平价合作社购物礼券。勿洛公民咨询委员会从1977年起便在农历新年期间分发"度岁金"给领公共援助金的年长者。基层社区领袖自己出资来修建一些基础设施，或直接给年老者或贫困者发"度岁金"也是常见的事，因为许多基层社区领袖自己就是企业家，他们也有能力来帮助社会弱势群体。武吉知马民众俱乐部管理委员会副主席林清荣，也是糖果与玩具进出口商，在得知武吉知马区需要一家新托儿所时，马上表示愿意承担建设托儿所的费用20万新元。荷兰武吉知马集选区议员符喜泉说，"多方伸出援手"的社会福利机制是本地独有的特色，除了政府和民间团体，愿意慷慨回馈社区的独立人士也是这个机制里的重要一环。

社区银发联系计划

关注社会弱势群体，赢得选民的支持，是基层组织的一项常规工作，基层领袖时刻把民众放在心上，把相关工作列入日常议事日程，成了他们工作的主要内容之一。

2005年，淡滨尼集选区议员伍碧虹在淡滨尼尚育区发起"社区银发联系计划"，照顾的对象是独居或跟家人居住但感到寂寞的老人。在此计划下,关怀者(义工)和老人交朋友,帮助他们和其他老人建立联系,参与社区活动。三年后,淡滨尼尚育区基层组织决定招募一群愿意关照患上绝症的老年病人和慈怀病院的病人的关怀者,使得即使家属不在身边的病人也能感受到别人的关怀。伍碧虹认为,他们(病人)就没有理由觉得"没有人喜欢我""我要自杀""我是家人和社会的负担""我不如死了算了",我不想我们的老年居民持有这种想法。我要他们知道,无论他们患上什么重病或心情多么坏,社区还是关心他们的。她说,他们的合作伙伴圣路加安老服务中心和慈光福利协会,都提供慈怀护理和一些临终病人看护者的培训。她因此希望跟他们进一步合作,为这群关怀者提供培训。伍碧虹希望那些退休护士、医疗界工作者等能够加入此计划,成为这些病人的关怀者。她找到义工后就能尽早落实计划。此外,为了扩展社区银发联系计划,人民协会也投入更多资源,吸引更多青年加入。淡滨尼尚育区民众联络所青年组也加入此计划,设立青年好友关怀小组,帮助他们招募青年义工和筹办活动。

新加坡
基层组织的角色扮演

第三章
角色冲突：新加坡基层组织的困境

陈硕茂被拒中元晚宴风波，使得人民协会落人话柄；街灯事件以及指示牌被政治染色的现实，导致反对党掌控的市镇会不得不"以牙还牙"；加上出身、人事安排、经济来源均身不由己，基层组织面临着强烈的"内忧外患"。

基层组织在新加坡社会这个大舞台上扮演着多重角色，由于这些角色的行为模式不尽相同，基层组织便不可避免地遭遇到角色内冲突和角色外冲突。

第一节
角色内冲突：政治角色与社会角色之间的矛盾

　　角色内冲突是由于人们对同一角色有着不同的期待，或角色本身对角色期望模糊不清而引起的角色冲突。角色内冲突通常与不同群体对同一角色的体现者提出不同的要求有关。民众联络所、联络所管理委员会、公民咨询委员会和居民委员会，其定位都是非政府组织，但它们都是政治的产物。这些基层组织肩负的首要任务是政治任务——建国和社区发展，它们是行动党政府为了达到建国的目标而组织的。因此，我们不能说这些组织是非政治性的；相反，它们的政治色彩异常浓重。它们的出现，首先是政治上的需要。于是，基层组织的非政府定位与其过多地肩负政治使命，便不可避免地产生了矛盾。

一、人民协会：法定机构一味"表演"政治动作

基层组织所扮演的政治角色与社会角色之间的矛盾，在人民协会身上表现得十分明显。人民协会在党派斗争的"战火"中诞生，其成立的宗旨是推广民众康乐活动，但成立之初的人民协会首先肩负起的并不是推广康乐活动，人协成立后马上成了行动党政府对抗激进势力的"马前卒"。如果说这是特殊年代的特殊情况的话，那么，在人民行动党执政地位巩固以后，作为法定机构的人民协会理应坚持政治中立，但在实际工作中，人协也不可避免地染上了政治色彩。

陈硕茂被拒中元晚宴风波

如果说在当下的新加坡，基层组织活动的场地也带有政治色彩，你可能不信。但议员陈硕茂被拒出席中元会晚宴风波，却再一次印证了这一事实。2011年8月20日，工人党议员陈硕茂在他个人的脸谱（Facebook）页面上申诉，他原本受邀出席上星期的一个中元会晚宴，不过主办者过后却通知他，不能按原定计划

邀请他。据他说，主办者和往年一样，打算在组屋区的球场举行晚宴，却被巴耶利峇公民咨询委员会告知，若要委员会批准他们使用这个场地，就不能邀请他们的议员出席活动。"行为不当"的主办单位，未来将不再获得批准。他指出，这样的事件已不是第一次发生。他在页面上上传了另一个主办者的邀请函和道歉卡，上面清楚地说明，由于与巴耶利峇公民咨询委员会出现一些"分歧"，因此他们取消了对陈硕茂的邀请。陈硕茂说，居民要不要邀请他没关系，不过"真的没必要让居民为应该邀请谁做他们活动的嘉宾进退两难"。①

中元节晚宴是农历七月的庆祝方式之一，通常基层领袖都会受邀参加这类社区活动。之前由阿裕尼市镇理事会管辖，用于主办社区活动的26个公共场所，在2011年大选后被建屋发展局租借给了人民协会，不再由该区市镇会管理。主办者和往年一样，打算在组屋区的球场举行晚宴，却被巴耶利峇公民咨询委员会告知，若要获得公民咨询委员会的允许使用场地，就不能邀请议员。原本要在这些地点举办活动的主办者因此须先获得人协属下的公民咨询委员会批准，条件是不得邀请该区国会议员出席。结果，这引发阿裕尼集选区议员陈硕茂"被拒"出席区内中元晚宴的风波。

为减少居民不便，反对党工人党主席林瑞莲向建屋局反映，要求与人协商讨共用场地的可能性，但人协在后来的回复中称，它将不允许工人党租用这些地点。林瑞莲指出，中元节期间，巴耶利峇

---

① 陈硕茂申诉中元晚宴被拒 潘惜玉：他把事件政治化[N]. 联合晚报，2011-08-22.

分区居民反映,他们接到基层组织的通知,若在一些地点举办活动,须向巴耶利峇公民咨询委员会申请,之前租用这些地方却是通过市镇会申请的。这些居民也反映,他们得到口头上的指示,若在这些地方举办活动,不得邀请该区的国会议员,否则接下来几年的申请都有被拒的可能性。林瑞莲说,居民对公民咨询委员会的新条例感到不解,并为人协基层组织的政治动作感到愤怒。她还套用大选时杨荣文的话说:"居民感到撕裂,情感上困惑。"

工人党认为,建屋局在未与阿裕尼—后港市镇会或该区国会议员讨论的情况下,就做出这样的安排是有政治动机的。它阻止议员在自己的区内举行活动,减少他们的能见度。林瑞莲说,李显龙总理曾呼吁,新加坡应拥有一个和谐的政治体系,政府在做出重要决定时,应以国人与国家的利益为出发点,但建屋局与人协在阿裕尼区的处理上似乎不是如此。林瑞莲措辞强烈地指责建屋局滥用权力,以协助人协取得政治目的,阻止当选议员在这些适中地点主办活动。"人协作为由纳税人资助的机构,似乎在滥用它与政府的亲密关系。让人协接管原属市镇会管辖的地点,并允许行动党前议员以基层组织顾问的身份出席社区活动,让行动党党员在社区的能见度上占优势,是为下届大选做准备。"

工人党和人民行动党各执一词,似乎无法调和。所幸的是,双方毕竟还是理性的、明智的。对于过去种种,谁也不愿意显得理亏,双方仍针锋相对、据理力争,但是,放眼将来,双方都表示愿意与对方合作。阿裕尼—后港市镇理事会不规定基层组织在租用市镇会所管辖的场地时须邀请该区国会议员出席。人民协会也不禁止议员出席非基层组织在人协管辖场地所主办的活动。这种以选民为本的务实态度，对阿裕尼和后港来说是好事。对工人党来说，这也是好事。今后不必在锅碗瓢盆的层次上较劲，能把精力放在更高层次的政治课题上。

对人民行动党来说，更是好事。如果不舍得放弃一些多年来的惯性思维，无法适应日渐改变的新社会环境，就会一直在一些老框框里原地打转，无法取得突破。

经过2011年大选，选民的政治意识提高了，许多固有制度和思维已不是牢不可破的。如果人民协会过多地参与政治的情况不做改变，人民协会遭遇的角色内冲突就是"死结"；如果人民行动党依然固执地通过人民协会来委任人民行动党人担任基层组织顾问，即使该候选人已经败选，那么，可以预见的下一次大选时，这仍然会成为反对党攻击基层组织政治性的很好理由。

人民协会"落人话柄"

人协的宗旨是团结人民。作为法定机构，人协主办的活动理应是非政治性的。但是，不管执政党候选人是否当选为议员，人协都委任其为基层组织顾问，这不可避免地授人以柄。例如，2006年大选，工人党候选人刘程强和民主联盟候选人詹时中分别击败人民行动党候选人刘锡明和司徒宇斌，赢得后港选区和波东巴西选区议席，但上述两个选区基层组织顾问仍然由落选人民行动党候选人刘锡明和司徒宇斌担任。

对执政者来说，基层组织的一个主要职责是向人民说明、解释、澄清政策，做到上情下达；与此同时，也搜集基层意见，以求下情上传。在执政党压倒性胜出的时代，基层组织顾问，除了议员之外，不做第二人想。然而，2011年大选，经过激烈的选战，选后的阿裕尼、后港由工人党人出任国会议员之后，这个思维却没有跟着调整或改变。目前，人协仍然沿用固有做法，委任执政党人为基层组织顾问。可以预见，到下一次大选，这仍然是一盘可以炒得很热很辣的冷饭。

这个矛盾不是没有折中解决的办法。人协可以考虑委任一些无党派社会贤达为阿裕尼—后港基层组织顾问。他们既应与熟悉、了解政府思维和政策的执政党人合作，也应与代表该区民意的工人党议员合作，以便下情上传。这样一来，也可以避免双方许多误解和猜疑。

在当前世界政治、经济的大环境下，人心虽不思变，但也绝不惧变。执政党必须做好心态和制度上的调整。越早做好这个调整，就越能适应2011年选后的社会政治心理变迁，无论对执政党本身或对新加坡都有利。也只有在这种情况下，人民协会才可能不再"落人话柄"。

二、公民咨询委员会："剪不断、理更乱"的政治瓜葛

人民行动党政府上台后着手重建的基层组织之一就是公民咨

询委员会。公民咨询委员会成立之初肩负的首要任务也是政治任务。李光耀认为,成立公民咨询委员会的目的就是要建立政府和人民之间的联系,同时暴露共产分子及他们的代理人所散播的谣言。由此可见,成立公民咨询委员会,其实是李光耀构思出来对付共产党渗透的撒手锏。

新加坡联络所管理委员会、公民咨询委员会等基层组织自20世纪60年代成立以来,一直和政治有着千丝万缕的联系。成立之初繁多的政治任务淹没了这些基层组织作为非政府组织所应承担的社会责任。如果说这是特殊时代的特殊情况的话,那么,今天的新加坡社会基层组织理应远离政治。可事实又如何呢?政治瓜葛剪不断、理更乱,或许,这就是公民咨询委员会目前的尴尬处境。

"街灯事件"尴尬了谁

"街灯事件"的发生,凸显了公民咨询委员会同时扮演政治角色与社会角色的尴尬处境。"街灯事件"是2006年8月初发生在老牌反对党议员詹时中的地盘波东巴西选区的一件"小事"。波东巴西地铁站外的几盏街灯不知何故"失明"了,而詹时中以及行动党落选候选人司徒宇斌都不愿负责维修,并互指对方应为它负责,结果引发"街灯事件"。这种发生在地方上的小事应该是很平常的,但这几盏街灯"失明"竟然引发了詹时中和人民行动党政府的两位部长马宝山和林文兴的口水战。这两位部长认为詹时中既是该区议员,就有义务把街灯修好;该区选民选了詹时中，出事就应该找詹时中。但詹时中不这样认为，他说应该负起修灯责任的是行动党在波东巴西选区的基层组织顾问司徒宇斌。詹时中指那块地是司徒宇斌向新加坡土地管理局申请后获准使用，不属于波东巴西市镇会管辖范围，如果用市镇会经费来修理这些街灯违反了法令。另一方面，司徒宇斌则表示土地的使用期限到10月31日截止，因此不打算进行维修。

旁观这场小争吵，除了让人觉得颇为有趣之外，起初也不禁叫人费解，为何身为该区议员的詹时中，不修灯还说得如此理直气壮？詹时中后来发表的文告透露了端倪：原来那几盏街灯是在他领导的市镇理事会不知情的情况下由司徒宇斌担任顾问的公民咨询委员会装置的。所以，詹时中认定，修灯还须装灯人，要修灯就必须找司徒先生及其公民咨询委员会。在与行动党斗嘴的同时，詹时中领导下的市镇理事会又在坏了的街灯旁另外装置起反对党的聚光灯，为选民的夜行之路带来光明，行动党的街灯，他始终不修。如此一来，该区的基层组织就处于进退两难的境地：如果人民行动党落选议员司徒宇斌领导下的基层组织负责修好街灯，那等于是向詹时中示弱，而且，该区选民连续两届大选都对司徒宇斌说不，似乎没有什么理由说灯坏了还来找他。可是，如果由人民行动党落选议员担任顾问的基层组织不负责修好街灯，几盏坏了的灯摆在那里，该亮的不亮，路过的居民就会指指点点说"那些坏了的街灯是人民行动党的灯"，这无疑又是给人民行动党的金字招牌抹黑。詹时中可以在那里暗自偷笑，因为司徒先生及其公民咨询委员会修不修街灯他都可以收回一点政治利息。

詹时中在他随后发出的文告中显得占了便宜还卖乖地说，要他为司徒宇斌和选区公民咨询委员会所犯下的错误负责，人民行动党的这种看法"对人民行动党的政治前途不利"。眼前的问题是，波东巴西地铁站外那几盏坏了的行动党的灯该怎么办？简简单单的是非题，一旦搅进了政治，就千头万绪，叫人一时理不出答案。

这场"街灯政治"，詹时中的胜利有点像足球赛的踢点球决胜负一样，让输的一方很不是滋味。作为看戏的人，我们注意的焦点应该从那几盏"政治街灯"转移到新加坡基层组织的尴尬处境上：基层组织是非政府组织还是政府组织的延伸？这件小事也从一个侧面告诉人民行动党政府，基层组织多年来把扮演政治角色放在第一位、社会角色放在第二位的策略如果不加以改变是会弄巧成拙的。

指示牌跟着政治走

如果说指示牌也可能染上政治色彩，大家可能会认为是在开玩笑，但在新加坡，有一选区的指示牌却被认为沾有政治色彩。事情缘起于新加坡老牌反对党选区后港停车场设指示牌不获批准。

1997年7月30日，新加坡国会辩论社会发展部开支预算时，反对党议员刘程强在发言时说，后港市镇会于1995年向建屋局申请在区内停车场入口处装置指示牌，也致函告知后港公民咨询委员会有关该计划，要求他们给予支持，如向社区设施改进基金提出申请。然而，他说，该工程却不被建屋局批准，因为后港公民咨询委员会也向建屋局提呈同样的工程计划，建屋局以申请"闹双包"为由，时间长达两年半后仍未获批准。市镇会因此致函给公民咨询委员会查询此事，但未得到答复。为此，刘程强质问后港公民咨询委员会为什么故意提呈和后港市镇会同样的计划，结果造成工程无法展开。他也质疑人民协会属下的公民咨询委员会，是为社区服务，还是为人民行动党服务。他说，如果是为行动党进行基层工作，就应隶属行动党支部，由行动党支付费用，不应使用人民的钱来达到其政治目的。

时任总理公署兼社会发展部政务次长的曾士生说，后港选区申请在区内停车场入口处装置有灯光照明的指示牌，至今还未获得建屋局的批准，是因为后港市镇会无法和后港公民咨询委员会有效地沟通。为此，他向反对党议员刘程强（后港）建议，在后港公民咨询委员会和后港市镇会接触时，不妨考虑邀请后港公民咨询委员会代表到市镇会以加强沟通。

刘程强反驳说，问题的关键是，为什么后港公民咨询委员会故意提呈和后港市镇会相似的工程……而且市镇会也已特地写信给公民咨询委员会，告诉他们重复同样的工程是毫无生产力的，并建议他们考虑其他计划，因为市镇会已为工程做最后的准备和执行工作。

曾士生回答说："这就证明了沟通的重要性。所以刘程强必须大老远地到国会来提出这个问题……而且市镇会得写信给公民咨询委员会。为何不直接和公民咨询委员会会面？"

刘程强马上澄清，他曾和后港公民咨询委员会第一顾问柯新治和第二顾问王志豪直接接触。

柯新治因此加入辩论说："后港议员的确曾向我提过。我向公民咨询委员会查询后发现，他们在提呈申请前，早有意向要展开这项计划。这个工程最终同样是有利于民的，为什么后港议员要坚持这是他的计划，他可省下资金，撤销申请，让他们（公民咨询委员会）展开工程。"

刘程强答道："我们是可以撤销申请，但问题是，建屋局已批准了16个工程项目中的两项，我们也已装置了两个指示牌……我们不希望在同一个选区内出现两种不同的指示牌，我还特地将这一点告知公民咨询委员会。"他还进一步指出，如果公民咨询委员会坚持展开该计划，他可说服后港市镇会撤销申请，"最多是将两个指示牌拆除，浪费资源"。

透过这场辩论，除让人感慨新加坡国会辩论之民主外，不仅又让人感到好奇：简简单单的一块指示牌，为何大家都争着要求设置？难道在新加坡不论是执政党还是反对党，都真的如此为民着想？其实，这种唯恐落后的背后，更多的是政治考量。担任后港市政理事会主席的是反对党议员刘程强，而后港选区公民咨询委员会顾问则是人民行动党候选人柯新治。换句话说，如果由后港市政理事会设置指示牌，那指示牌代表的就是反对党民主联盟；如果由后港公民咨询委员会设置指示牌，指示牌代表的就是执政党人民行动党。用指示牌来捞取政治资本，或许才是争着设置指示牌的最主要考量。这不又让人感慨，即使毫无灵性的指示牌，一旦跟政治扯上关系，也会"屁颠屁颠"地跟着政治走。只是，公民咨询委员会为何也如此与政治难舍难分？

市镇会"以牙还牙"

有些事的确是有政治意味，有些事也可能被政治化。2013年11月底，工人党市镇会在后港地铁站和后港广场之间的有盖邻里活动中心经营"农历新年花市与社区展卖会"，售卖年花和新年小吃等。市镇会指出，这个地点在它的管辖范围内。但是，新加坡环境局指承办商EBM屡劝不听，没缴齐文件，未获准许证就办活动，环境局因此表示将申请发传票。新加坡人民行动党当局认定经营展卖会等商业活动不属于市镇会的法定职责范围，即使工人党市镇会申请展卖会执照，获批准的可能性也不大。

随后，反对党工人党阿裕尼—后港—榜鹅东市镇会在2014年1月9日发违规通知给人民协会属下的巴耶利峇公民咨询委员会，告知其支持的年货市场触犯了三个条例，分别是：帐篷的宽度比规定尺寸多出了1.5米；专用的黄色垃圾桶摆放在市镇会管理的空间；用来巩固帐篷的绳索，绑在市镇会种植的树木的树干上。这场展卖会由高文城商联会主办，并获得巴耶利峇公民咨询委员会的支持。高文城商联会在高文地铁站和第205座商店附近的空地，摆摊售卖农历新年装饰品。这块空地由人民协会属下的巴耶利峇公民咨询委员会管理。巴耶利峇公民咨询委员会副主席李木利告诉《联合晚报》，尽管违规通知里没注明罚款数额，但市镇会曾口头指帐篷自12月31日起便违规，一天要罚1000元。"算到1月7日，帐篷搭了8天，可能是8000元。"[1]

作为回应，2014年农历新年前夕（1月29日），环境局发文告说，它已援引环境公共卫生法令第35条款，即"在未向（公共卫生署）总署长申请执照的情况下，任何人都不可推广、举办或推出任何暂时性质的展卖会、表演或其他活动"，向市镇会发传票，指它非法经营展卖会，市镇会代表须在2月18日上庭面控，罪名成立后罚款金额会高达1000新元。

短短三个月左右时间，新加坡反对党工人党市镇会与人协和环境局分别发生纠纷，其背后的政治考量值得玩味。先是环境局指工人党市镇会辖区的展卖会无准许证，后是工人党市镇会指人协下属的公民咨询委员会搭建的帐篷违规越界，这不能不让人联想到一个词语——"以牙还牙"。工人党议员毕丹星一针见血地指出，近来风波是因基层"政治化"所致。很显然，在反对党看来，基层组织代表的是人民行动党，反对党想对人民行动党还以颜色，选取公民咨询委员会作为对象也就顺理成章了。

---

[1] 吴俪欣. 帐篷超出管理面积1.5米 巴耶利峇公民咨询委员会恐遭罚款吃官司[N].联合晚报,2014-01-29.

第二节
角色外冲突：政府、社区组织与基层组织间的对立

角色外冲突是指发生在两个或两个以上的角色扮演者之间的不协调状态。任何一个社会必然存在各种不同的角色，各类角色都有各自不同的角色规范要求。当个体或组织的角色行为不能同时满足所有的角色期待，或者一个角色与另一个角色之间的相互关系失调时，冲突就会产生。新加坡基层组织在角色扮演过程中也遭遇着角色外冲突。具体而言，新加坡基层组织遭遇到的角色外冲突主要表现在以下几个方面：

一、必经甄选才有"名分"：政府主导与基层组织自发生成之间的冲突

从表面上看，新加坡基层组织在政治上是中立的，和政府没有必然的从属关系。特别是早期的基层组织和基层社区领袖皆由民间自发形成，带有明显的自我服务和自我管理性质。但在政党体制下，新加坡基层组织作为与民众直接接触的最基层的政治实体，必然会受到政党的渗透。基层组织为实现自身利益，需要以各种形式与政府打交道；政府要实现一系列政策目标，争取民众的认同和支持，更是离不开基层组织的协助。因此，新加坡基层

组织的发展尽管与经济的演变和民间社会力量的壮大存在着密切的联系，但更重要的还是与政府推行的政策、政府给予多大的行政合法性有关。政府的政策在很大程度上决定着新加坡基层组织的存亡续绝，政府对基层组织基本上进行了全面的控制。在这样一种现实面前，基层组织不可避免地会遭遇政府主导与组织独立之间的冲突。从总体上看，新加坡政府对基层组织的掌控要高于西方政府对类似非政府组织的控制，而新加坡基层组织的自主程度则要低于西方社会。

"出身"身不由己

政府对社会组织的选择主要是通过是否赋予其组织合法性来实现的。组织合法性对组织的发展具有特殊的意义。组织合法性，主要是指取得官方认可的政治法律属性，包括政治上的合法性、法律上的合法性及行政上的合法性。许多国家为了加强对各种社会组织的控制，往往人为地设置一些苛刻的条件，使组织合法性的获得异常艰难。在新加坡，成立民间组织必须经过官方的审核，按照政府所规定的程序，符合官方设定的条件，经过合法登记才能取得合法的身份。人民行动党政府仍然垄断着民间组织成立的决定权，它主要通过设置成立社团组织的"高门槛"来实现对社团组织的控制。

根据新加坡现行的《社团法》，成立社团必须先到社团登记处登记；登记官和助理登记官可以由部长指定；凡是社团登记处认为"社团的内部管理制度不足以对社团进行有效的管理和控制的"或"社团可能被用作非法目的或社团的成立可能损害新加坡的社会安定、公共福利和良好秩序的""登记申请人不能遵守社团法规定的"或"社团登记违反新加坡国家利益的",都可以拒绝登记;未经登记的任何社团都被认定为非法社团;任何管理或者协助管理非法社团事务的人应当被认定为有罪,处 5 年以下的监禁;成为非法社团的成员,或者参加了非法社团的会议的,应当被认定为有罪,处 5000 新元以下的罚金或者 3 年以下的监禁,或者两罚并处;即使是经过登记的社团组织,如果组织要建立分部,更改名称或办公地点,或使用会旗、会徽、会歌等都得经过登记员许可。[1]诸如此类的种种限制,使结社自由这一原是公民所拥有的权利变成了由政府批准的"特权";通过政府规定的方式取得合法身份的社团组织已被抹上了浓重的"政府选择"的色彩;各社团组织为了获得政治上、行政上和法律上的合法性,除了接受政府的管理外,已别无选择。例如,作为基层组织的民众联络所、公民咨询委员会和居民委员会,如果想要获得政治合法性,就必须接受人民协会的领导。由于人民协会是法定机构,带有准政府性质,这些基层组织的政府主导性不言而喻。众所周知,作为完全意义上的非政府组织,组织上应该具有独立性和自主性,其生成是组织成员自发的行为。这样一来,政府有意识的选择无形中与社团组织的自发生成产生着冲突。

---

[1] 金锦萍. 新加坡社团法 [EB/OL]. 中国民间组织网·国际视窗.

人事安排身不由己

作为完全意义上的民间组织，其人事上应该具有独立性和自主性，组织领导的产生是成员自发的行为，组织的领导职务不是由政府官员担任，其组织机构也不是政府机构的一部分，组织不受政府直接控制和管理。

新加坡基层组织的情况却大不相同。人事安排方面，新加坡基层组织里的重要职位都是由政府官员或者与政府有着千丝万缕联系的人员担任：人民协会董事会的主席由政府总理兼任，副主席由资深部长担任并主持日常工作，政府内阁成员和政府公务员还直接担任人民协会的其他一些固定职务。以人民协会于2006年12月15日发表文告公布的新一任董事会名单为例。该名单公布的由13名委员加上1名秘书兼财政组成的人协新董事会的任期，是从2007年1月1日起至2009年12月31日。其成员如下：董事部主席为总理李显龙，副主席为总理公署部长林文兴，委员包括国家发展部长马宝山、总理公署部长林瑞生，国家发展部政务部长傅海燕、西南区市长、环境及水源部高级政务次长许连碹博士，新加坡中区市长再努丁，碧山——大巴窑集选区议员哈里古玛，全国职总中央委员江巧爱，新加坡摄影学会会长郑培书，新加坡青年飞行俱乐部总经理德苏札，新加坡童军协会副总监陈清强，新加坡马来武术总会主席阿都拉沙菲，秘书兼财政则为人民协会总执行理事长陈文发。[①]透

[①] 林文兴将接替黄根成出任人协副主席　总理感谢黄根成15年贡献 [N]. 联合早报，2006-12-16.

过这14人组成的董事会阵容，我们可以很容易得出这么一个结论：从某种意义上而言，基层组织已成为"准政府性"组织。

作为一个法定机构，人民协会对基层组织的领导层实行委任制，人协董事部主席或副主席有权委任相关基层组织的委员会委员，并且也负责委任基层组织顾问。他们一般都是执政的人民行动党议员或选区候选人；由反对党人担任议员的波东巴西区和后港区的基层组织顾问，都是行动党的候选人。民众联络所管理委员会、公民咨询委员会和居民委员会都隶属于人民协会，它们的组织章程里都明文规定：民众联络所管理委员会、公民咨询委员会和居民委员会的委员由人民协会董事部主席或副主席委任；董事部主席或副主席有权随时终止任何委员之职位，而无须说明任何理由。众所周知，人力资源是组织的基本资源要素，人的因素往往决定着组织的走向和前途。换句话说，控制了组织的人事安排，也就实现了控制组织的目的。人民行动党政府控制了民众联络所管理委员会、公民咨询委员会和居民委员会的领导人任免权后，这些基层组织走向何方就由政府做主了。

值得注意的是，由于各社会基层组织的章程规定，委员会的全部成员及各种社会基层组织领导职务，都由各自的选区顾问推荐，报人民协会，由人协主席或副主席委任。而人协主席一般会任命各选区的国会议员为相应的选区顾问，因此，发掘、培养有天分的基层领袖的工作是由担任社会基层组织顾问的国会议员们负责的。这样就使得基层领袖策划开展的活动朝着利于议员下次当选的方向发展。一位在民众联络所担任领导职务的社区商界人士曾表示：他也是经选区顾问推荐而获得委任的，他所支持、赞助的社区活动都是按照这位选区顾问的要求进行的。至于上述活动是否对这位身为国会议员的选区顾问参加下次大选有利，他表示这是当然的，但这一切"只能做不能说"。由于基层领袖的服务是义务性的，因此，政府很重视对他们的激励和表扬。国家总统和政府领导人不但在国庆等重大节日对他们进行表彰，还经常会在日常的会议和各种演讲中对他们的奉献精神进行表扬和宣传。此外，政府也给基层领袖一些诸如在同一选区内申请组屋和学校名额时可获得优先处理等"特权"，以感谢他们为所在的组屋区服务做出的牺牲和付出的时间，并根据其服务年限的不同，分别授予"国庆总统奖章""公共服务奖章""公共服务星章"等称号。这些荣誉激励着基层领袖们默默耕耘，孜孜不倦地在基层工作。

经济依旧无法独立

资源是社会组织生存与发展的物质基础。若把社会组织看作一个生命体，资源便是维持它生命的能量。任何社会组织的存在都必须能够获取一定的社会资源，才能满足自身生存与发展的需要，并开展各种活动以实现自己的宗旨。这些社会资源除了合法性、人力资源、政府支持、社会合作与认同外，还有一种最基本的资源，那就是资金。

没有资金，任何社会组织都难以运作：组织必须拥有一定的资金，才能购买相应的设备、租用办公和活动场所以及开展活动。

一般而言，非政府组织可以通过三种渠道获取资金：为社会提供有偿服务、接受社会捐赠和政府财政拨款。在西方发达国家，非政府组织的经费主要是由自己筹集，对政府的拨款依赖较小，因而组织的独立性较强。而新加坡的基层组织，其经费的主要来源则是政府拨款。为了使民众联络所管理委员会、公民咨询委员会和居民委员会这三大基层组织能在新加坡各个区域、各个领域和不同的层次上进行有效的运作，并使它们成为国家对全国进行控制的最基本的组织网络，它们80%的基础设施费用和50%的日常经费支出由人民行动党政府负责。[1] 1964年10月2日晚，人协副主席吴庆瑞在主持第一批民众联络所管理委员会委员委任仪式时便指出："管理委员会将从人协得到固定的财政津贴，用来偿付联络所的某些开销。"[2] 居民委员会成立后，时任贸易及工业部长的吴作栋在为马林百列区内的四间居民委员会办事处主持开幕礼时也披露："只要那些成立已达一年，并且表现活跃的居委会，都可向当局要求提供办事处。建屋局将在组屋底层提供一个空间，让居委会装修成办事处，而居委会每月只需付出象征性的五元租金。"[3] 其他一些重要的基层组织也不同程度地享受政府资助，如社区发展理事会的经费由居民和政府共同负担，政府根据各个社区发展理事会所负责的社区的居民人数来决定津贴数

---

[1] 王芳，李路曲.新加坡社会基层组织建设的经验[J].理论探索，2005，(2)：112.
[2] 转引自：吴俊刚，李小林.李光耀与基层组织[M].新加坡：胜利出版私人有限公司，2000：68.
[3] 每个选区内每二千单位组屋 建屋发展局决定提供一个居民委员会办事处[N].星洲日报，1980-06-16（3）.

额，算法是每名居民一年的津贴为一元。不过，社区发展理事会也可筹款来推动它们的社区服务计划，政府将以三元对一元的方式给予资助。如果居民或商家是通过银行相关渠道捐款，政府会以四元对一元的方式资助。至于社区发展理事会办事处的日常开支，则由政府承担。[1]

1997年，人民行动党政府又调高了对民众联络所和俱乐部发展计划的津贴额。今后无论是翻新、扩建、重建或新联络所兴建工程，都能获得政府提供的90%的财务援助。其中，翻新资助上限提高到243万元，其他工程上限则一律调高到638万元。在原有原则下，人协为民众联络所/俱乐部划定的服务范围是1万个居住单位，或4万居民。建设新联络所/俱乐部或者扩建现有联络所/俱乐部，总成本的80%由政府承担，最多不得超过530万元。翻新工程则可获政府70%的资助，最多不超过177万元。联络所/俱乐部如果拆除重建，政府承担90%的费用，上限是632万元。为了配合联络所服务范围扩大的需要，政府资助比例一律调高到90%。新建设和扩建工程资助上限由原来的530万元调高到638万元，翻新工程则由177万元增加到243万元。时任人民协会副主席的黄根成强调："新的资助方式有助于减轻基层领袖和顾问在筹款工作方面的负担，让他们能更专注于建设社区凝聚力。"[2]

2013年4月，新加坡政府宣布将在四年内投入4400万元翻

---

[1] 蔡添成.社理会援助居民不分选区[N].联合早报，2006-07-29.
[2] 杨瑞锋等.97财政预算案民众联络所俱乐部发展津贴调高至90%[N].联合早报，1997-07-30.

新460个居民委员会中心，这是人民协会第一次为居民委员会中心进行大规模翻新。新加坡全国现有572个居委会中心，获选进行翻新的460个中心已设立超过15年，所有工程预计会在2017年结束。翻新后，居委会中心将有更多空间举行各种活动，各个居委会也将按居民需求和兴趣增添中心的设施和筹划社区项目。九成的翻新费用来自政府，其余由居委会支付。经济上对政府的严重依赖无形中给基层组织披上了官办色彩的外衣，从某种意义上说，这些基层组织已成为行政部门的延伸，基层组织作为非政府组织理应具有的经济独立性，在日益增多的政府拨款面前，显得如此苍白无力。

政府对社会基层组织的财政支持是社会基层组织重要的经费来源。例如，现在移民融合问题成为新加坡社会的一个焦点问题。有资料表明，现在新加坡每年都要吸收2万名新公民维持现有人口结构，而新移民已是新公民的重要来源。因此，政府正在全力倡导"国民融合项目"。而推广此项目的主力军自然是历来对新加坡社会建设贡献力量的社会基层组织。目前，各选区的公民咨询委员会正在纷纷筹划成立专门探讨解决新移民需求的小组，根据新移民不同年龄的需求而举办各式各样的富有本地色彩的民间活动，以吸引和鼓励新移民参加社区活动，融入新加坡。

例如：芽笼士乃公民咨询委员会于2007年成立了一个专门探讨新移民需要的小组。他们会"特地上门去邀请新移民参加活动，特别是当他们组团到本地具有历史性的地方游览，或举办一些富有本地色彩的民间活动，如中元会和开斋节庆祝会等"。正华公民咨询委员会主席蔡传华则指出，"不同年龄层的新移民有不同喜好，例如年纪比较大的中国新移民，就很喜欢参加选区内定期举办的'轻快步行'活动，而中年移民就对本地的一些文化活动较感兴趣"，"委员会正探讨成立一个名为'同心园'的新移民小组，让他们参与主办活动，为社区活动增添不一样的异国风味"。蔡传华说："我们的初步想法是，社区活动还是由本地人主导，只是把部分项目交由新移民负责，增添新鲜感，同时促进本地人对他们的了解。"政府在社会基层组织推广"国民融合项目"时，则会尽力提供财政上的支持。如2009年设立的总值1000万元的"社区融合基金"，就能够"在接下来三年为非营利组织与社团举办促进国人和外来移民融合的活动提供多达80%的津贴"。有了这些津贴，社会基层组织的大型活动将可以办得更加丰富精彩，也就能够吸引更多的民众及新移民共同参与。

二、"地盘"划分存争议：基层组织与其他社区组织的冲突

1986年9月，市镇理事会在新加坡宏茂桥试行，后来逐步加以推广；1997年，新加坡政府又设立了社区发展理事会。基层组织这个大家庭又迎来了两位新成员。它们的责任范围如何划分，地位怎样，又该如何相处，这诸多问题的背后，实则犹如在一个大家庭里，成员多了，彼此之间难免产生龃龉。

电梯翻新谁主导之争

市政理事会是新加坡城市管理的独特模式。这一模式试行于 1986 年, 1988 年《市政理事会法令》获国会通过, 1989 年全国即全部成立了市政理事会, 并从建屋局手中接管了市政管理工作。按选区的就近原则, 每 5—6 个选区自愿组成一个市政理事会。市政理事会不是政府机构, 其职能相当于小区物业管理委员会, 主要负责组屋区内的清洁卫生、园林养护、设施维护、组屋翻新等, 控制和管理组屋、巴刹（菜市场）、小贩中心、停车场、花园、组屋底层及其他公共场所。选区的当选议员是其法定成员, 其他成员由每个选区民主推选 10 人担任。

市政理事会的出现, 不可避免地对现有基层组织造成了冲击。电梯翻新谁主导之争, 凸显了基层组织与市政理事会之间的矛盾。

2009 年 10 月 13 日, 时任国家发展部长的马宝山在接受《海峡时报》访问时表示, 建屋局的翻新计划向来与选区的基层组织合作, 而这些基层组织顾问都由人民协会指定。针对马宝山的谈话, 工人党主席刘程强随后质问建屋局凭什么认定, 一个获得选民支持的议员, 无法胜任基层顾问就能胜任的工作？刘程强说："市镇理事会熟悉区内所有工程的进度, 而且也是支付翻新工程费用的单位, 但身为市镇会主席的议员, 为什么不适合主导翻新计划, 只是一个负责拨款的行政议员？"刘程强这一质疑引发了电梯翻新谁主导之争。

针对刘程强的疑问, 国家发展部部长兼新闻秘书林允谦做出回应。林允谦指出，马宝山部长上周三针对媒体询问回应，建屋局的翻新工作都是由政府进行和资助，这和其他的政府计划，如建学校和公路没有区别。林允谦说，这些计划都得通过政府管道执行。在进行组屋翻新时，计划是由政府指定的基层组织顾问合作，反对党的议员无须负责执行和解释政府的政策。政府预算盈余与反对党无关。林允谦也指出，政府为电梯翻新工程支付90%的费用，居民和市镇会只需各自承担5%。政府支付的款项都是通过审慎的政策所产生的预算盈余，而反对党议员在这方面并没有承担责任。因此，反对党议员没有理由主导这项工作。

此外，刘程强以大选中"人民的意愿"，来辩解他应该是后港电梯翻新计划的领导者，林允谦反驳他的想法是错误的。林允谦说："在大选中提到的'人民的意愿'，是要选举一个能为整个国家服务的政府，而不是为个别选区选一个政府。无论是人民行动党或反对党的议员，都不足以构成选区的'政府'。"林允谦指出，议员有权力管理市镇会，但这权力并不能延伸到执行政府计划，如电梯翻新计划等。

电梯翻新应由议员或基层组织主导，执政党和反对党都各持己见。两个反对党区——后港和波东巴西，被建屋局纳入电梯翻新计划，这本是好消息。但是"好消息"公布后，在坊间引起热烈讨论的却是：和建屋局合作的对象，应该是谁？两个反对党区的电梯翻新计划，为什么是由在大选时败选的执政党代表执行，而不是当选的反对党议员？刘程强认为这是执政党要让基层顾问能够在下届大选中，以翻新计划向选民邀功。我们姑且不论刘程强议员的话是否符合实情，笔者想说的是，如果市政理事会和基层组织之间的界线不能明确界定，如果基层组织过多地牵涉政治的局面无法改变，可以预料的是，类似争议必然会反复出现。

扶贫助困谁更能胜任

1996年，当时的总理吴作栋在国庆群众大会上，提议成立社理会，鼓励人们自力更生及通过互助的方式，来达到加强社区凝聚力和种族和谐的目标。社理会的主要任务是关怀社区及维系区内的凝聚力。它协调及领导公民咨询委员会、联络所管理委员会及居民委员会，同时也与其他社区及福利团体合作推出社会服务。社理会也必须处理保健基金和公共援助金的申请，并管理社会服务基础设施，以及教育储蓄奖学金和助学金、大学及理工学院助学金及贷学金等。

最初的两个社理会，即是在1997年成立的马林百列和丹戎巴葛，而新加坡当时也首次委任市长主管社理会，他们是已退休的欧进福博士及叶尧清，分别担任丹戎巴葛及马林百列社理会市长。

吴作栋在两名市长的宣誓就职仪式上说：“社理会的成立，是建立凝聚力强、有热忱及自立的社区的重要过程。”他认为，社理会必须有过去甘榜社区的互助精神。马林百列和丹戎巴葛社理会成立八个月后，另外三个社理会，即宏茂桥—静山、新加坡中区及东北也成立了，并在1997年底再成立武吉知马、三巴旺—丰加、后港及波东巴西社理会。除了领导马林百列及丹戎巴葛社理会的是市长外，其余七个都由主席领导。他们是国会议员王章明、罗明士、张有福、何炳基副教授、陈清木医生，以及基层组织顾问颜来章及王志豪。

成立几年后，社理会累积了足够的经验，因此吴作栋在2000年的首届社理会研讨会上宣布，将赋予社理会更多的管理权力和责任，让它们接管社会发展部的社会服务工作。

社理会接手的任务包括政府的援助计划如公共援助计划、租金与水电费援助计划、小家庭辅助计划等。社理会将对居民的申请进行调查、评估及做出决定。

九个社理会各自运作四年后，政府决定重组社理会，从九个减少至五个，同时按照地区划分把社理会改名为东北、东南、新加坡中区、西南及西北，并委任五名全职市长领导社理会。目前，领导五个社理会的市长分别是外交部高级政务部长再诺（东北区）、姚智（东南区）、再努丁（中区）、环境及水源部高级政务次长许连碹博士（西南区）及张俰宾博士（西北区）。

有了全职市长，加上主办的活动和推行的计划越来越多，让居民对社理会有了深入的认识。2005年，当政府推出社区关怀基金时，五个社理会也表示支持，通过调整各自的援助计划，与政府的社区关怀三大主题，即自立、成长及激发紧紧相扣。

2006年底，各个社理会陆续启动社区关怀网络，联系区内的各个组织，要共创一个持久的社会安全网，为居民提供更有效的援助服务。

执政的人民行动党在全国 84 个选区都有各自的基层组织，而得到政府拨款的全国五个社区发展理事会，也在它们所负责的社区范围内为贫困老弱的居民提供所需的援助。这就不可避免地造成了现有基层组织与新设立的社区发展理事会之间的职能交叉。比如公民咨询委员会属下有"社区关怀基金"，专门向贫困居民伸出援手，包括提供交通费援助。虽然基层组织和社理会之间有明确的分工，但是受访的一般居民不见得都清楚这两个组织的职责及服务对象。尤其是波东巴西及后港两区的居民，不少都误以为他们已经被拒于社理会的大门之外，没有获得应有的照顾。如果不处理好现有基层组织与新设基层组织之间的职能交叉问题，冲突和内耗将随之产生。

第三节
一山岂能容多虎：基层组织间的冲突

公民咨询委员会、民众联络所管委会及居民委员会三种社会基层组织的具体任务及分工有所不同，但三者都是在新加坡社会变迁过程中逐渐产生和发展完善的，并且在维护新加坡的政治稳定、促进种族和谐及增强社会凝聚力方面一直发挥着重要的作用。从某种意义上来说，三者扮演的角色基本相同。公民咨询委员会是选区里的中央组织，主要负责推动和协调全国性的运动和选区计划及协调其他社会基层组织间的关系。民众联络所管理委员会的主要任务则是负责管理民众联络所并推行联络所的各项活动。居委会则作为一个由组屋区居民自行管理的志愿组织来处理所在选区内的问题，并通过举办有意义的活动来促进睦邻关系。此外，由于居委会拥有众多具有献身精神的成员，且能够更快地将所收集到的民意反映上来，因此，在一定程度上它们都能够协助公民咨询委员会和民众联络所管理委员会更有效地履行其职务。

虽然人民行动党设立这三大基层组织的初衷是让它们优势互补，进而成为沟通政府和民众的重要桥梁。但是，在实际运作中，由于彼此间分工有交叉，难免会造成冲突。

分工渐趋模糊

随着社会的变迁，新加坡的社会基层组织从无到有，从两个变三个，政府与民众间的沟通桥梁越来越多，而社会基层组织间的关系却也越来越不明晰。

在居民委员会出现之前，公民咨询委员会与联络所管理委员会之间的分工相当清楚，公民咨询委员会负责选区的活动，而联络所管理委员会负责联络所的活动。居民委员会的出现改变了这种平衡关系，因为居民委员会代表着80%的人口，和新镇居民的关系又比公民咨询委员会直接。公民咨询委员会在选区中的影响力似乎有逐渐削弱甚至被取代之势，这在一定程度上打击了公民咨询委员会的士气。

面对这种矛盾的出现，新加坡人民行动党政府已认识到有必要设法加以解决。一方面，政府领导人在不同的场合通过口头上保证公民咨询委员会和联络所管理委员会不会被取代，另一方面他们也采取了适当的调整。1985年7月，人民协会庆祝成立25周年。当时已经接管社会基层组织的社会发展部部长丹那巴南在献词中透露，政府将成立一个遴选委员会，负责公民咨询委员会、联络所管理委员会和居民委员会三大社会基层组织的遴选工作。他说："把这三大社会基层组织的责任范围划分清楚，这样才能避免三者的活动产生叠床架屋的现象。而三大社会基层组织任务的合理划分，对我国社会的发展非常重要。我们必须要有一个有效的社会基层组织网，以促进和加强组屋区的社区精神。公民咨询委员会、联络所管理委员会和居民委员会必须互相合作，齐心协力，以实现服务人群的共同目标，基层领袖应增进彼此的谅解和联系，使我们有限的资源能更有效地用在推动各种社区计划和发展上。"他还表示："政府已决定把公民咨询委员会和居委会秘书处交由社会发展部，而人民协会的常年预算开支也归入社会发展部。当局做出这样的安排，主要是由于社区活动的范围不断扩大，联络所管委会的任务必须参照公民咨询委员会和居委会的任务予以重新检讨。"由此可见，政府已充分意识到协调三大社会基层组织活动，缓和或消弭它们之间矛盾的重要性。

进入21世纪以后，受全球化和西化的影响，很多民众特别是年轻人与政府间的距离越来越远，如何吸引年轻人参加社区活动，增强社区凝聚力，成为各社会基层组织所面对的另一挑战。居民委员会与民众联络所管理委员会和公民咨询委员会在职能与资源上有些重叠，于是，三个组织也进入一段磨合期。为了更方便协调这三个组织在操作上更好地互相配合，政府决定由公民咨询委员会负责选区的事务，而由居民委员会负责组屋分区；这逐渐使两个委员会形成了非正式的从属关系。这段时期，公民咨询委员会与居民委员会隶属于总理公署（1985年转由前社会发展部负责），与隶属于人协的民众联络所管理委员会互不统属，增加了在工作上配合的难度。一直到1993年，公民咨询委员会与居民委员会一并纳入人协内，三个组织才在分工与资源共享方面有了显著的改进。

可以预见的是，公民咨询委员会的委员，有不少将由居委会和联络所管委会的委员担任。这种交叉任职的出现将使三者之间的界限更加模糊。

居委会激起千层浪

联络所管理委员会和公民咨询委员会是在20世纪60年代初期成立的，成员多属地方领袖；不少人是兼任公民咨询委员会和管理委员会委员。这两个组织的活动,并没有重复和矛盾之处,所以两者一路走来都是携手合作的。

公民咨询委员会和联络所管理委员会的相辅相成和相得益彰,似乎已经成为理所当然的事。但是,随着20世纪70年代后期居民委员会的出现,基层组织间的和谐关系开始有了变化;这一变化主要表现在居民委员会和公民咨询委员会及联络所管理委员会之间的矛盾。

这种矛盾的产生有其复杂的背景。首先是居民委员会和公民咨询委员会及联络所管理委员会之间的代沟问题。居民委员会的委员往往都是较年轻的一代,教育程度比较高,而且以受薪人士居多;公民咨询委员会和联络所管理委员会的委员则多数属于早期白手起家的社会贤达,他们在做法和想法上都与年轻一代有明显的不同。其次,后期出现的居民委员会,由于受到诸多宣传和重视,大有后来者居上之势,这难免会使许多咨询委员会和管理委员会委员感到黯然失色,或者觉得自己不再受到重视,因而也变得消极。

20世纪80年代以来,居民委员会扩展迅速,其主办的活动也越来越频繁,有些居委会或许是自觉羽翼已丰,便采取和咨询委员会及管理委员会分庭抗礼的姿态,这不可避免地带来了基层组织人事上的摩擦。

诸如此类的矛盾若不设法消除,对新加坡基层组织的发展肯定是非常不利的。新加坡政府显然已经注意到了这个问题,因此特别成立了一个由前总理吴作栋担任主席的社区组织协调委员会，以负责协调三大基层组织和其他社区组织的活动。时任社会发展部长的丹那巴南在人协25周年纪念特刊中也强调："三大基层组织的责任范围必须清楚划分……这种任务的合理划分，对我国社区发展，十分重要。"[①]因此，社区组织协调委员会给三大基层组织明确指示，以避免矛盾和重复就显得尤为重要了。时任文化部次长的欧进福博士在一次访问选区接受记者采访时指出："居民委员会的成立，并不会和选区公民咨询委员会及联络所管理委员会在利益上发生冲突，更不会取代两者的地位。居委会必须与公民咨询委员会相辅相成。"他接着分析说："居民委员会的活动范围是'地方性'的，而咨询委员会和管理委员会则是全区性的。此外，居委会和管委会主办的活动性质也不完全一样。居委会一般偏重睦邻活动，联络所则主办社交文化活动。"[②]

从某种意义上说，欧进福博士的讲话有助于划分清楚联络所、公民咨询委员会和居民委员会各自的责任范围；但不管这三大基层组织的责任范围如何划分，首先应该强调的是它们不能各自为政，三者间也不应该存在何者重要、何者次要，或由谁领导谁的问题。三者的地位应该是平等的；只有在平等的基础上，和衷共济，三大基层组织才能充分发挥它们的作用，共同完成社区发展的工作。在这方面，新加坡基层组织还有很长的路要走。

---

① 三大基层组织应如何协作[N].联合早报，1985-07-05（16）.
② 居委会必须与公民咨询委员会相辅相成[N].星洲日报，1980-02-05.

新加坡
基层组织的角色扮演

第四章
角色调适：新加坡基层组织的完善

"人老色衰"魔咒的困扰，麻将大赛"和"不成的尴尬，加上解散基层组织呼声的出现，让人想起一句话——"距离产生美"。"脱色"已成为基层组织不得不做出的选择。

角色调适是角色冲突的化解过程。角色理论把人为地缩小角色差距、协调角色冲突的过程称为角色调适。角色冲突的存在，或多或少会妨碍人们的正常生活，给社会或集体带来损失，因此，必须想办法调适角色。角色调适包括内部调适与外部调适两个方面。要解决新加坡基层组织在角色扮演过程中所遇到的各种冲突，就必须进行相应的角色调适。明确了新加坡基层组织在角色扮演中产生角色冲突的原因并调适角色，有助于化解冲突，也有利于基层组织今后的发展。大致来说，新加坡基层组织的角色调适主要包括基层组织内部调适和政府外部调适两个方面。

第一节　内部调适：基层组织的自我调整

内部调适是角色的自我调整，主要指个体或组织通过角色学习进而弄清角色期望的真正含义，掌握社会规范的精确要求，努力提高角色技能和协调处理各种不同的角色期望的能力。具体到新加坡基层组织，其自我调适则包括提供更优质的社区服务，调整基层组织与政府之间的距离等方面。

一、"人老色不衰"：保持对公众的吸引力

"人老色衰"并非定律

最近总在想一个词语：美人迟暮。美人抚衣妩媚之际，衣袂飘飞如神话之青鸟时，当然不会想到，总有一天，夕阳会薄如西山。人们更不愿意相信，美人居然会临至暮时。人们更多的是愿意看美人如夏花初绽、仙女出浴之时。至今，人们不会忘记，那一笑倾城，再笑倾国。美人之美，让满城、满国皆倾。人们不愿意忘记，那国色天香，那回眸一笑百媚生，那三千佳丽无颜色，那为寻一骑红尘妃子笑的动人一刹那。于是，便有了为博美人一笑，堂堂一君，竟然用烽火去戏诸侯，而终至亡国。美人，在人们的记忆中，没有她们迟暮的时刻。西施被沉潭了。玉环也被赐白绫一条，搭在了那千娇百媚的脖颈之上，令君王不忍卒看。昭君，在一骑轻尘，到了北国之后，就完全被淹没在漫天的黄沙之中，再也没有听见她那悦耳的声音，再也不见那娉婷的身影。而那个让整个历史都增色的三国美人，在吕布被诛之后，又去了哪里？似乎已成了一个谜。留在人们和历史记忆中的，永远都是美

人年轻时的笑靥。这是因为人们不愿意看到——美人迟暮。可是再美的美人,终归是要走到迟暮时分的,一如鲜花开遍了原野,却在秋天无限怜惜的掌心中,永远沉沉地睡去。

于是乎,我又在想,基层组织是否也有"美人迟暮"的一天?基层组织一路走来,已"人到中年"。《红楼梦》中贾宝玉曾说,女孩是水,妇人就不是了。如果女孩像珍珠,妇人就像死鱼眼睛。基层组织也不得不面对"人老色衰"的挑战。要保持基层组织的"姿色",一如既往地保持其对民众的吸引力,就必须提供更优质的服务。服务是非政府组织永恒的主题,也是新加坡基层组织存在的重要理由。要化解基层组织"人老色衰"的风险,就应该淡化其政治功能,强化其社会作用,让基层组织为居民提供更多更好的服务。李显龙在谈到人协和基层组织面临的挑战时就曾指出,新一代新加坡人的生活水平提高了,休闲选择越来越多,要吸引他们参加民众俱乐部的活动很不容易。他说:"如果民众联络所里只有电视机和几张乒乓球桌,那肯定是门可罗雀。"[1]因此,基层组织应该通过给居民提供更多更好的社区服务的方式来淡化其政治角色,凸显其社会作用,并保持对居民的吸引力。

为了提供更多更好的服务,基层组织需要整合自身资源。整合自身资源,就是将角色内部各种分散的资源按一定的目的重新组合,以达到资源的优化配置,从而实现角色的平衡。任何角色为了适应外部环境的变化,都必须做出相应的调整。新加坡基层组织面对新的社会环境,其内部也必须进行相应的调整,以实现

---

[1] 陈怀亮.李副总理:基层组织三方面须做出调整[N].联合早报,2003-07-28.

角色内部资源的优化配置。基层组织作为与社区联系最密切、利益关系最直接的组织，在提供社区服务方面并非是整齐划一，而是各有所长，各有侧重。例如，就提供社区交际活动而言，民众联络所比其他基层组织更胜一筹；在促进邻里和睦方面，居民委员会优势明显；而在赈灾救灾、扶贫济困、帮助妇女儿童和老弱贫残等弱势群体方面，社区发展理事会比其他任何基层组织都更能胜任。时任人民协会副主席的黄根成就曾指出，社理会因为接近群众，在开展援助计划与其他社会服务时比政府部门更为有效，因此能迅速照顾居民的需要。此外，由于社理会所负责的社区是由多个选区组成的，因此能够结合更多的资源及充分利用资源去推动更大型的社区服务，让更多民众受惠。[1]可见，在新的社会环境下，基层组织如果想化解政治角色与社会角色之间的冲突，更好地服务社区，就应从工作实际出发，从社区居民需求出发，处理好各基层组织间的优势互补问题；只有在整合各基层组织服务优势的基础上，实现基层组织内部的角色平衡，基层组织才能不断拓展服务功能，强化服务职能，丰富服务形式，深化服务内容，进而使基层组织的服务更贴近社区实际，更贴近群众需求。

进入新世纪，新加坡所面对的一个新局面是独立后的一代新加坡人的长成。他们受过更好更高的教育，也有与老一辈人不同的价值观，他们对基层组织的期望值也比老一辈更高。面对这一新生代，基层组织的领导人必须新陈代谢以应付新生代的需求。那个追求"汽水盖"（基层工作人员对总统在国庆日颁发的公共

---

[1] 蔡添成. 社理会援助居民不分选区[N]. 联合早报，2006-07-29.

服务奖章（PBM）或公共服务星章（BBM）的戏称）[①]的时代已经结束；让年长的基层领袖感到光荣的国庆奖章，已不再是年轻人追求的目标。荣誉观的改变，再加上自我价值实现机会的多元化，又造成了基层组织在吸引年轻人持久参与及领导基层活动方面的挑战。

新加坡社会的剧变，对社区的发展带来了巨大挑战，即现有社会基层组织如何做出调整，以适应迅速改变的社会。公民咨询委员会委员和民众联络所管委会委员不仅随着大规模重建计划的推进而失去了原有的活动领域，还面临着吸引力衰弱的危险。现有的基层领袖大多数是讲方言的华族商人，年纪较大，且他们在开会和解决问题时经常采用一种"非正式"的方式，这对在新的语言和教育政策下成长起来的年轻人来说，是一种心理和语言的障碍，因此那些只会讲英语或方言讲得不流利的年轻的专业人士，也就不大愿意参与这种社会基层组织的活动。对此，政府在鼓励和协助基层领袖在注入大量政府组屋后形成的新社区环境里继续服务的同时，也要采取各种措施，使各社会基层组织，尤其是联络所管委会和公民咨询委员会，与居住在非政府组屋的各阶层人民保持更密切的联系，能与迅速改变的社会并驾齐驱。

随着新加坡社会的发展，每一代新加坡人都应该有更多和更有品位的生活方式可供选择。虽然民众联络所/俱乐部具有许多现代化和素质良好的活动项目，且收费合理，但有不少受过较好教育的人还是有一种错误的印象，以为联络所/俱乐部无法充分满足他们的需求，甚至不欢迎他们。除非基层组织纠正这样的印

[①] 曾昭鹏.基层组织更新 更新不等于年轻化[N].联合早报，2006-08-07.

象，否则基层组织将难以同社区居民密切沟通，社区居民也就无法从联络所/俱乐部所提供的多元种族交流氛围中受惠。基层组织应该是一个具有包容性的机构，通过提供更多和更具包容性的服务，基层组织将能继续吸引来自不同背景和阶层的国人参与，这将使社群之间的关系保持稳固和充满活力，也能够让国家永远保持团结和无畏地面对挑战。可以预料，整合各基层组织的服务优势，以提供更贴近群众需求的服务，将是新加坡基层组织化解"人老色衰"困境的重要选择。

麻将大赛"和"不成

基层组织在组织活动时必须考虑居民的感受，否则，即使出发点是好的，也可能碰钉子。新加坡义顺东民众俱乐部原定于2007年3月11日举办麻将大赛，为黄丝带计划筹款，协助前囚犯重返社会。这项比赛获得30人报名，另有一些非华族居民有意参加学搓麻将课程。主办麻将筹款比赛的原意是通过这种有益脑力的游戏，促进不同年龄及种族居民的交流，并改变人们对前囚犯的坏印象。比赛分公开组和青年组（18—35岁），报名费分别是20元和15元。这是首个由基层举办的麻将大赛，但义顺东民众俱乐部向警方申请主办麻将筹款大赛的准许证却被拒绝。警方向其索取比赛详情，考虑到此次活动会引起居民非议，最终决定不发准许证，麻将大赛被迫取消。

民众俱乐部的本意是把向参赛者收取的报名费，全数捐给黄丝带计划，协助前囚犯重返社会，这种出发点是善意的，为什么民众会不领情呢？社理会、联络所在人民眼中是服务广大社群的基层组织，却以麻将大赛作为筹款的方式，明显地忽略了居民的感受。联络所筹款的崇高目的，值得肯定和鼓励，但必须用恰当的方式来进行。以打麻将的方式来进行筹款，无疑会把带有赌博性质的活动，公开和扩大到社区活动的层面。

许多义顺居民对民众俱乐部举办具"赌博性质"的麻将比赛感到"吃惊"和"不可思议"。在强调个人自由、权利和承担个人责任的意识形态影响下，愈来愈多的人开始不认同应以禁欲的观点来看待赌博。人们在家里搓麻将，这能拉近家庭成员、亲友之间的关系。主办当局的用意是好的，不过忽略了一些居民还不能接受这种带有赌博性质的"消遣"活动。

这种情况并非个案。2009年7月，金文泰民众联络所举办卡拉OK歌唱比赛，负责人把歌唱比赛分成两组，一组是"公开组"，另一组则是"乐龄组"。根据比赛章程，"乐龄组"是给年龄在40岁以上的参赛者设置的。这个年龄与组别的划分，引起了网民的不满。网民KeRi看见这个宣传标语后，觉得有些40岁的人士或许都还没结婚，不应该把他们当成"乐龄人士"。这位网民认为，应该用"壮年组"的字眼取代。针对"40岁以上被列为乐龄组"的做法，《新明日报》记者走访了40名各年龄层的公众。在全部40名受访者当中，有多达35人认为不恰当，认为称55岁以下的人为"乐龄人士"是完全不恰当的事，"乐龄人士"应该是指退休以后的人。另外5名觉得"40岁可以被列入乐龄组"

的受访者，清一色是年龄在20岁以下的青少年。人民协会发言人受询时则表示，人民协会对"乐龄人士"的定义是指50岁或以上的国人，而金文泰民众联络所主办的卡拉OK歌唱比赛，标语上把40岁以上的参赛者划入"乐龄组"，这是宣传标语印刷中出现的一个错误，人协对此表示歉意。①

2009年11月，民众俱乐部举办免费电影观赏会，播放恐怖片《坠入地狱》。《坠入地狱》是讲述一名银行女职员为了讨老板的赏识，而拒绝让一名顾客延期还贷款。结果，女职员被怀恨在心的顾客下了诅咒，被妖魔附身，在几天内被带入地狱。免费电影本应该受欢迎，但这次的结果却是民众俱乐部被指责。网民Sad Coconut质问，为何民众联络所不能播放适合全家大小观看的好电影？"现在的生活已充满压力，而我觉得观赏拉丁马士联络所所播放的《坠入地狱》欠妥当。"网民希望，民众俱乐部能筛选一些好影片，让居民一起观看。②

要完全不顾居民的感受，基层组织也非常清楚在今天的社会已经是不可能的。那么，基层组织事先为何没有做周全考量呢？社会在不断进步，这要求基层组织有更佳的替代品来达到同样的娱乐目的。例如，如果能够以象棋来取代麻将筹款，会让居民觉得更有文化，同样也可以达到休闲的目的。对于玩麻将这样一个富有争议性的社会行为，有节制地接受小众趣味的存在与大力鼓

---

①江佳玲.联络所举办歌唱比赛 40岁乐龄组公众认为不恰当[N].新明日报，2009-07-03.
②江佳玲.播免费恐怖片联络所被炮轰[N].新明日报，2009-11-17.

吹之间，是有本质上的区别的。以较平和的态度看赌博不等于要漠视其负面的影响。以"玩乐""消遣"来为赌博行为包装，却是十分危险而且是有欺骗性的。很多病态赌徒都是长期暴露于赌博气氛下而嗜赌成癖的，青少年过早沾染赌博行为也是导致病态反应的主因。既然知道青少年面对着许多引诱和隐忧，基层组织就不应该把麻将当成一种人人都可以参与的娱乐或休闲的活动，否则社会就又多一个隐患存在。我们不能说既然水已经污浊了，多一点污浊没有关系，而应该是尽我们最大的努力去"净化"它。如果基层组织能做到这一点，其在年轻一代心中的地位，同样将无法替代。可见，基层组织在如何组织更切合居民需求的活动方面，仍有很大的提升空间。

乐龄活动引"非议"

2014年9月21日，大巴窑南民众俱乐部的印度活动小组举办"乐龄感谢日"，当天共有146名年龄介于56岁至80多岁的大巴窑乐龄居民出席。民众俱乐部举行"乐龄感谢日"，准备节目和食物给乐龄人士，这原本是基层组织为乐龄人士办的一件好事，但结果反被指音响音量太大，老人们得捂着耳朵，午餐的炸酱鸡和芥蓝也太硬，老人们咬不动，结果饿着肚子离开。其中一名出席者黄女士致函报社投诉称，当天的卡拉OK音响音量太大，有些老人得用手捂着耳朵，或离开座位找个安静的角落。她也说，注意到工作人员所提供给这些乐龄的食物分量小，而大多数老人的盘中都剩下了炸鸡和芥蓝。"我推着坐轮椅的81岁朋友离开民众俱乐部时,他说仍感到饿。由于芥蓝和炸鸡太硬无法咬,他只吃了米饭。我们在回家之前便到附近的熟食中心吃东西。"①黄女士认为,主办单位在策划活动时没有考虑到年长者的需要。"为什么卡拉OK音响系统这么大声?虽然有些老人可能重听,但也无须让每个人接受这种噪音。"②她也质疑,主办单位是否知道他们偏好的饮食,毕竟一些人士的牙齿几乎都掉光了。

相信大巴窑南民众俱乐部许多工作人员为办好此次活动付出了很多,对活动的善意初衷也毋庸置疑。可值得基层组织工作人员深思的问题在于,为什么如此卖力组织活动依然不讨好?或许,基层组织只有在策划活动时多花心思设身处地为邀请的公众着想,切实了解活动参与者的需求,才能避免吃力不讨好的尴尬。

二、距离产生美:保持与政府间的适度距离

基层组织要解散?

2006年1月14日,新加坡工人党宣布了新政纲领。在这份

---

①王翊顺:民众俱乐部主办"乐龄感谢日"一老人投诉:声量大 食物硬[N].新明日报,2014-09-24.
②同注1.

新纲领里，赫然有这么一条：解散由居民委员会与公民咨询委员会组成的基层组织。①当有记者问到"为什么工人党会建议解散由居民委员会与公民咨询委员会组成的基层组织"时，工人党领袖刘程强说，工人党无意抹杀基层领袖的贡献，工人党之所以建议解散现有的基层组织，原因在于基层服务不应被政治化。他接着指出，基层组织政治化对那些没有政党背景，只想为社区服务的基层领袖是不公平的。"为何居委会和公民咨询委员会的成员都得由执政党议员建议委任？"工人党因此建议通过社区选举，选出联络所管理委员会的委员，再由当选的议员出任委员会顾问。②刘程强的这番话从一个侧面凸显了新加坡基层组织强烈的政治色彩。

一个选区，两个基层组织？

2011年11月，后港区组织了两个旅行团到马来西亚柔佛州旅游：一个是由新上任的后港区议员饶欣龙带领工人党后港选区委员会所主办的"马来西亚一日游"，另一个是由后港区乐龄执行委员和三个居民委员会联合主办的"乐龄哥打丁宜一日欢乐游"。按常理而言，组织旅行团外出游玩是很正常的一件事。可问题在于，两个旅游团的行程接近，所安排的活动包括用午餐、购物、参观工厂和庙宇等均大同小异。更让人费解的是，参加旅

---

① 洪艺菁，林义明：要工人党修政纲 刘程强：不民主！[N].联合早报，2006-01-25.
② 同注1。

行团的均为后港区居民。时任工人党议员的饶欣龙在个人"脸谱"上打趣说,由于部分行程重叠,后港区居民将在其中一座知名商场"大团圆"。

对后港区居民来说,同一天有两班人马分别为他们主办马来西亚一日游,让大家有了多一个选择,参加哪一个团纯粹个人喜好。然而,一区同一天有两个"基层"为居民举办旅行团,这或许是一个可能只存在于新加坡的独特现象,那就是反对党议员与人民协会基层组织的明显脱钩。

多年来,由于基层组织与人民行动党政府之间关系"暧昧",反对党议员与人协基层组织一直保持着"爱恨情仇"的关系。反对党议员感叹他们身为当选议员,却无法使用基层组织的现成设施(如民众联络所或俱乐部)来为居民主办活动,反而是在大选时落败的对手,能够以基层组织顾问身份继续领导基层活动,为自己造势。在反对党看来,主管所有选区基层组织的人协明明是个法定机构,应该是个非政治化的组织,却与执政的人民行动党关系密切,庞大的基层网络又让行动党在争取选票时占据上风。

相信在大部分明眼人看来,人协基层组织明显偏袒行动党,要说服人们接受这些组织与政治不沾边,几乎是一项不可能的任务。但是,基层组织要摆脱目前的尴尬处境,有意识地注意保持与政府之间的适度距离,将是第一步,也是非常重要的一步。

看似合乎逻辑的假设

根据新加坡各基层组织的章程，新加坡基层组织是非政治化的组织，但没有人能否认，它们构成了今日新加坡政府网络中重要的一环。政府主导是新加坡基层组织最重要的特征。置基层组织于政府主导之下，既是政治斗争的需要，更与执掌总理职务达31年之久的李光耀的政治思维密不可分。多年来，人民行动党政府通过各种方式牢牢掌控着新加坡基层组织的走向。在这样一种背景下，基层组织不可避免地被抹上了党派政治的色彩。人民协会作为一个负责管理基层组织的法定机构，对基层组织领导层实行委任制。目前分别担任人协董事部主席及副主席的李显龙总理及林文兴部长，有权委任基层组织委员会的委员及基层组织顾问。坦白说，让行动党议员以基层组织顾问身份参加区内活动，看似完美的一步棋，议员既能达到与居民交流的目的，同时也不违背人协基层组织不同政治和政党挂钩的原则。由于不论是在执政的人民行动党选区，或者是在反对党人担任议员的波东巴西区和后港区，都是由行动党议员或它的落选候选人担任基层组织顾问，这无形中会给世人一种"基层组织被行动党垄断"的认知。对此，人民协会的解释是："为了确保政府的社会计划得以成功实施，政府委任支持它的计划的行动党国会议员或候选人为基层组织顾问是合乎逻辑的。"①

也许正是因为这个"合乎逻辑"的假设，使基层组织永远都

---

① 曾昭鹏.基层组织如何"脱色"[N].联合早报，2006-09-09；言论版.

无法摆脱被抹上党派色彩的宿命。在过去十多年里，国会里仅有两名反对党议员，他们与人协基层组织之间的矛盾或许没那么显眼，但随着2011年大选后反对党议员的增加，反对党所负责照顾的居民也比之前多了好几倍，可预见双方之间的矛盾今后肯定会更加尖锐化。诚然，现实往往难以两全，要找到拥有献身精神的人参与基层组织管理向来不易，况且要在一个民主环境里严格禁止基层领袖参加政党，显然是一种过分苛刻的做法。因为基层组织成员不管是否涉足政治，他们在参与社区服务的过程中认同某个政党的理念，其实无可厚非。不过，基层组织在协助推行政府政策时该如何与政党的政治操作保持适度的距离并维持组织的独立性，始终是考验每个基层领袖的大难题，也是基层组织在化解角色外冲突过程中必须首先解决的问题。

新加坡基层组织已于2004年开始落实领导层更新制度，随后几年它持续进行领导层的换血工作。领导层更新其实也是基层组织蜕变以摆脱其政治色彩的契机。在无须明文规定的情况下，唯有更多拥有独立背景的人愿意挺身而出，投入基层组织的工作，并且担任重要职务，基层组织才有可能跟党派政治做出明显且合理的划分。拥有优良社区服务传统的基层组织，在新加坡建国过程中曾扮演了举足轻重的角色，它对国家和社会的贡献理应得到应有的肯定。但只有保持基层组织与政府间的适度距离，基层组织才可能回归非政府组织的本色，并获得包括反对党在内的认同。

第二节
外部调适：政府管理基层组织方式的改进

角色的外部调适主要指调整社会为个体所提供的角色地位以提出新的符合个体条件的角色期望，或改善条件以创造适合个体或组织发展的社会环境。比如，给予角色必要的发展空间，改革不合理的规章制度等。具体到新加坡基层组织，其外部调适主要表现为政府角色的调适。如何使新加坡基层组织更好地为民服务，应是新加坡政府所要考虑的主要问题。基层组织既然是为民而设，就不能完全由政府控制，否则难免会沦为另一个政府部门，难以同人民沟通，也无法真正发挥它们的作用。因此，政府在基层组织管理方面应该做出适当调整。

一、应势而变：推动基层组织"脱色"

从一场辩论说起

2006年3月9日，非选区议员谢镜丰在国会拨款委员会辩论社会发展、青年及体育部开支预算时指出，行动党政府积极地在居民委员会和人民协会这些组织里招募党员，违反了人协作为法定机构应该为民服务而非为政党服务的宗旨。结果，教育部政务部长同时也是人协理事的曾士生和谢镜丰展开了一场辩论。曾士生认为，人民协会并没有被政治化，人协是一个政府部门，在民主制度下，政府部门永远都不会被政治化；基层领袖加入人民行动党，这是个人的政治信仰问题，其他人不宜干预。曾士生进一步指出，实际上，大多数基层领袖都不是行动党党员，只有小部分是。① 可事实是这样吗？最起码谢镜丰不这样认为。以新加坡2006年大选为例，这届大选新加坡共有9个单选区和14个集选区，人民行动党在这届大选推出的24名新候选人当中，有半数是活跃多年的基层领袖，如李玉云、连荣华、林伟杰、陈振泉、林谋泉、李美花、张思乐、马善高、哈里古玛及花蒂玛等。② 在这样一种情况下，要让基层组织在民众眼中彻底"去政治化"，几乎是一件不可能办到的事。虽然人民行动党从基层领袖中招募新党员未必是一种普遍现象，但足以让人深刻反思基层组织的"非政治"属性。

透过曾士生和谢镜丰的辩论，可以得出，要化解基层组织遭遇到的角色外冲突，首先必须明了基层组织的非政府定位。新加坡基层组织的非政府属性，李光耀很早就强调过。1960年4月25日，在为全国消闲中心主办的第一届领袖训练课程主持开课仪式时，李光耀便指出："在目前的政治发展阶段，通过非政府的层次来做是比较容易的。因此，我们决定设立人民协会。在这个协会里，既有各个民众组织的代表，也有民选政治领导层的代表。这样的

---

① 基层领袖被政治化？[N].联合早报，2006-03-10.
② 林佩碧.草根植民间 基层出议员[N].联合早报，2006-04-26.

运作方式是人民比较习惯的。"[1]1980年，在撰写《人协与建国》一文时，李光耀再一次强调："当我们在1959上台时，我们明白一般新加坡人，无论个人的感受如何，效忠对象为谁，都不愿公开和任何政党发生关系。与其说他们对政治漠不关心，不如说他们感到害怕……因此，政府决定成立人民协会，以45个团体作为创办会员。人协接管了原有的28家联络所和5家青年俱乐部。这样，人民可以不必和政党如行动党，或政府部门如社会福利部公开认同，而是和一个半自主性、半政府性的法定机构认同。"[2]可见，基层组织与政府原来就应该是两个独立的领域，政府主导基层组织与基层组织设立的初衷是相悖的。

  新加坡基层组织的持续健康发展，需要政府明了基层组织的非政府定位。为此，政府应该清理不适应基层组织发展的政策措施，避免政府对基层组织的过多干预；政府还要支持基层组织加强对组织自身的规范与管理，把应由基层组织履行的职能和工作事项依法转移给基层组织；把适宜于基层组织行使的非政府管理职能和工作事项依法委托给基层组织，并建立基层组织依法、有序、规范承接行使政府转移、委托的相关职能和工作事项的机制，以避免落下"基层组织不过是人民行动党政府耳目"的话柄。

---

[1] 转引自：吴俊刚，李小林. 李光耀与基层组织[M]. 新加坡：胜利出版私人有限公司，2000：15.
[2] 转引自：吴俊刚，李小林. 李光耀与基层组织[M]. 新加坡：胜利出版私人有限公司，2000：17.

"不得不"做出的选择

1997年大选，人民行动党虽然收复了前一次大选的两块失地——义顺中和武吉甘柏，赢得了83个国会议席中的81个，但反对党依然赢得了后港和波东巴西选区。2001年大选，人民行动党以82个议席的优异成绩赢得大选，但反对党依然坚强守住了之前的阵地——波东巴西和后港。2006年大选，波东巴西和后港再次落入反对党手中。

面对这种一再重演的失利，执政的人民行动党不得不在"继续主导基层服务"和"淡出基层服务"之间做出选择。波东巴西区基层组织顾问司徒宇斌和后港区基层组织顾问刘锡明为了争取胜选，过去几年都勤于基层工作，勤劳的程度甚至出乎人们的意料，选前两人都以为能够获得足够的支持率，但开票结果却完全不是么一回事。面对选举结果，他们两人经过一番检讨之后，决定暂时减少基层参与程度，只为选民提供最基本的服务。后港区的行动党基层随后取消了分发甘榜早餐和接见选民活动，而波东巴西区的基层活动也转为低调。

反对党人对此有怎样的解读，选民又会怎么看待这样的转变，是很失望、愤怒、懊恼，还是惊讶？我不知道，但是个人认为人民行动党人淡出这两区的基层活动是可以理解的，是明智的选择。政治本来就是现实的，世上根本就不该有免费的午餐，当选民投票选举候选人的那一刻，无论是投给行动党还是反对党的候选人，都必须对选后所出现的转变做好心理准备。而正是这种"不得不"为之的选择,恰好给基层组织"脱色"提供了契机。

行动党把波东巴西和后港两区的基层活动减至最低,也等于从一个侧面告诉选民,其实基层组织并非是人民行动党组织的延伸,同时让一些选民明白,他们不可能平白无故地享受"二合一"的服务。把选票投给反对党以享受反对党议员和行动党基层"二合一"服务的说法,是波东巴西区反对党议员詹时中提出的。他在大选时鼓励选民继续把选票投给他,然后享受行动党所提供的基层服务,来个"双赢"。既然新加坡的国会选举选出的不仅是议员,也是选区基层工作的领导人,执政党当然也必须考虑如果继续为反对党区的居民提供类似行动党区的服务,无疑会给广大选民发出一种"人民行动党主导基层服务"的信息,更会让他们误以为手中的一票,不但能用于制衡执政党,也是同政府讨价还价,争取更多好处的利器。

行动党多年来在这两区虽屡战屡败,但是它作为执政党,不可能在大选时放弃到这两区的竞选,既然要竞选,候选人就必须争取胜利,就算还是输了,也不能让执政党输得颜面尽失,或是输了就跑。这就使它在波东巴西和后港两区陷入两难的困境,一方面不能辜负支持它的选民,另一方面也不能放弃争取不支持它的选民。至于反对党人虽是赢了,但是行动党一旦缩小基层工作的规模,所谓的投票给反对党去享受执政党服务的如意算盘,必是一记切中要害的回马枪。因为选区一旦陷入基层服务真空状况,反对党议员就必然会多加把劲,投入更多的资源去推动基层工作。这对基层组织而言,正是洗脱"不过是人民行动党组织的延伸"负面印象的良机。

二、广纳贤良：鼓励更多人参与基层组织管理

宏茂桥民众俱乐部管理委员会副主席同时又是杨厝港区公民咨询委员会委员的林理明指出："为了减少行动党在基层组织的色彩，基层组织也许得吸引更多非党员参加基层组织，而支部人员也不应兼任太多基层组织职位，使人们更觉得基层是为国家，而不是为行动党服务。"[1]可见，鼓励更多的、具有独立背景的社会各界人士参与到基层组织的管理当中，有助于化解冲突。

紧迫感消失了

20世纪六七十年代，当面对种族关系紧张、突然独立以及英军撤退等危机时，新加坡举国上下因危机的出现而团结一致并取得共识。这种紧密团结，使新加坡安然渡过重重危机，建立起今日的新加坡。在这种为生存而斗争的过程中产生的紧迫感，促成了基层组织与民众之间的认同。

随着新加坡社会的逐渐繁荣，这种紧迫感渐渐消失了。在新的世纪里，新加坡在社会、经济、民生等各方面都将受到更大的冲击。经济的成功造就了需求的多样化，社会的进步带来了自我价值实现机会的多元化。如何在这样一种背景下化解政府主导与基层组织独立自主之间的冲突，保持并提高民众对基层组织的认同度，将是基层组织在新的岁月里不得不面对的严峻挑战。正因

---

[1]行动党成立50周年 没有政绩就没有群众基础[N].联合早报，2004-10-29.

为如此，1991年10月4日，在"全国人民向李资政致敬"的晚宴上，李光耀对基层组织在新的时代面临的挑战发表了他的看法。他说："我们在20世纪90年代所面对的挑战是如何加强和巩固这些基层领袖的根基。"①

老人是宝还是草

20世纪60年代，随着新加坡"居者有其屋"政策的推行，新加坡社会急速改变。到了70年代和80年代，这种改变更快。这种重新安顿和重新发展的工作带来了新的困难，因为旧的基层网破坏了；这些基层网不但基础稳固，而且层次分明，根据乡村父老的传统领导，以及以宗亲会馆、中华总商会和有关文化团体的领袖作为基础。同时，随着新加坡新的教育政策的推行，新的基层领袖又必须面对教育政策所经历的重大改变。这些新的基层领袖在学校以英文为第一语文，华文作为第二语文；老一辈的领袖却以华文作为第一语文，另外加上方言。因此，基层领袖要进行自我更新并不容易。年轻的是以英文作为第一语文，华文作为第二语文的基层领袖，他们需要照顾一大群老一辈，甚至还有一些讲方言的年轻人；虽然这些年轻的居民可以讲一些华语，但是，他们的英语不流利，在家里通常讲方言。在这种情况下，基层组织必须由英文第一语言和华文第二语言，加上华文第一语言和英文第二语言或华文第一语言和讲方言的人士组成。

①李光耀.加强基层领袖的根基[N].联合早报，1991-10-05（8）.

随着社会的演进,新加坡社会的华族和印度族的老一辈传统地方领袖的人数,已经越来越少。李光耀指出:"我们一定要有足够,比如十个之中要有三个受过良好教育、能言善道和有管理能力的人。他们对人际关系必须敏感,能够指导小店主和商家、中小型企业以及工人阶级,提出意见,协助他们打通政府部门的各种渠道,并且通常能够协助他们解决各种问题。"[1]为此,人民协会必须不遗余力和有系统地物色有正确动机的适当人士,鼓励他们加入居民委员会、联络所管理委员会和公民咨询委员会当委员,以便更好地为社区服务。这些人最好懂得两种语言,但更重要的是,他们必须善于处理人际关系,能耐心听别人讲话,对来自不同社会背景的人,毫不自私、诚心诚意为他们服务,以赢得他们的信心。然而,无论是联络所管理委员会,还是公民咨询委员会,在人员和结构方面都有相当的局限性,这是一个不易解决的问题。旧的社区领袖们与青年一代相比,一般都更具有献身精神,而且经验丰富,有一定的社会影响力。如果让他们很快地离开领导服务岗位,不但会使社会服务出现断层,而且会增加他们的不满情绪,使他们有一种失落感,不利于社会稳定;尤为重要的是,在一个保留着某些传统政治的体制中,老人往往是一种维持传统权威的制衡力量。因此,政府也不愿意让他们很快就退下来。但是,旧的社区领袖们也有他们的局限性,这表现在年龄的老化,使工作缺乏生气;他们的思维方式也比较僵化,习惯于传统的一套做法,与青年人、受教育较高的知识分子越来越难以

---

[1] 李光耀.加强基层领袖的根基[N].联合早报,1991-10-05(8).

沟通，无论在办事效率和办事方法上都不能满足新一代人的要求。他们习惯于温和的说教，但缺乏民主和效率；这种组织结构和组织方法没能为组屋区里的年轻人和知识分子提供足够的机会阐述自己的观点和愿望，从而无法很好地适应新时代的新需要。在这样一种现实面前，如何重新夯实基层领袖的根基，将成为基层组织在今后的发展过程中必须正视并妥善解决的又一重大挑战。

2002年4月，新加坡开始推行基层组织领导人强制性退休计划。按照人民协会的规定，在公民咨询委员会和联络所管理委员会里担任诸如主席、秘书长和财政等要职的基层领袖，年届65岁就必须退位；居民委员会与邻里委员会主席的任期，每人最多只能连任三次，每次两年。[1]基层领袖的特殊性，使得这一职位对任职者的年龄、资质等有着特殊的要求。李光耀指出："我们必须不遗余力和有系统地物色有正确动机的适当人士，鼓励他们加入居民委员会、联络所管理委员会和公民咨询委员会，以便为社区服务。这些人最好懂得两种语言。但更重要的是他们必须善于处理人际关系，能耐心听别人讲话，对来自不同社会背景的人，毫不自私、诚心诚意地为他们服务，以赢得他们的信心。"[2]但是，随着社会的急速变迁，新加坡各种族的老一辈传统地方领袖的人数已经越来越少；要寻觅到集如此之多的优点于一身的适当人士加入基层组织，难度越来越大。

---

[1] 陈怀亮.李副总理：基层组织三方面须做出调整[N].联合早报，2003-07-28.
[2] 李光耀.加强基层领袖的根基[N].联合早报，1991-10-05（8）.

顺势者才能昌

诚然，要找到合适的人选实属不易，可基层组织的换血工作却必须推进。在这样一种现实面前，整合各社会组织的人力资源优势，吸引各阶层人事参与到基层组织的管理当中或许是一个可行之策。

李光耀就曾说过："我们必须把宗乡会馆和过去同中华总商会有联系的其他传统同业公会集合起来，着手处理教育低的华族同胞的社会和教育问题……我们应该罗致在社会、文化和慈善团体中服务的年轻领袖，使他们在公民咨询委员会和联络所管理委员会做出贡献。"[1] 在传统的新加坡社会，回教社会发展理事会和回教徒专业人士协会可以照顾那些较不成功的马来人，印度人发展协会可以照顾较不成功的印度人，中华总商会可以照顾较不成功的华人。因为在同一个种族里，人们有一种特殊的义务感要协助较不成功的同族人。如果能够把这些分属不同种族的各种社会组织的领袖吸纳到基层组织领导层里，那么，他们就能够超越种族的界限，群策群力，为大众谋福利；这样也可使他们找到新的活力、目标和满足感。所以，整合各宗乡会馆和其他传统同业工会的人力资源优势，挖掘具有领导才能的大学毕业生和专业人士加入基层组织，将成为新加坡基层组织在摆脱政府干预方面的一大选择。

但是，招募年轻人成为基层领袖的方法要顺势改变。要招募年轻人投身社区服务当基层领袖，不能照搬老一辈的做法，年轻人

---

[1] 李光耀.加强基层领袖的根基[N].联合早报，1991-10-05（8）.

时间紧、爱通过虚拟渠道与人接触，所以吸引他们、留住他们的方式也要顺势改变。面对这一挑战，身为人民协会副主席的总理公署部长林文兴说："不要逼他们，越逼越会把人给吓跑了。"[1]他说，基层组织要给他们一些时间，培养信任和兴趣，当然，也有一些是愿意直接加入基层的。事实上，统合这些基层组织的人民协会，早在2007年就着手让一些基层领袖成为社区事务倡导专员（简称社务倡导），负责招募、发展和留住社区人才后，这项努力已经取得一定成绩。仅2009年，他们便招募了4000个新的基层领袖，创下纪录，其中1500个是年龄介于18岁到35岁的年轻一代。

招募基层领袖固然不易，但留住他们更难，要有效做到这点，就要让新人有充分发挥的机会。只有在组织活动时，这些年轻的基层领袖才会意识到社区工作的价值，才会看到他们能让社区变得不同。另外，年长一辈基层领袖通过挂横幅宣传或把传单塞进信箱向居民传达信息，现在年轻人传达信息的方式与之大不相同了。如果要吸纳年轻人进入基层组织服务，就要告诉他们不需要跟着前人的脚步，可以自己发展。人协和基层组织要发出的信号是，他们不是从上至下的运作方式，而是从下至上，谁都能提出建议，推动改变。

也只有当越来越多的年轻人加入到基层组织的管理当中，基层组织的"脱色"才成为可能。

---

[1] 杨萌.人民协会副主席林文兴：招募年轻人成为基层领袖方法要顺势改变[N].联合早报，2010-06-13

新加坡
基层组织的角色扮演

第五章
角色整合：新加坡基层组织的走向

《小孩不笨》耐人寻味的政治寓意、《离婚》剧事件引发的争议以及李光耀对形势的"误判"，使得基层组织发展面临诸多挑战。透过大白象事件、地铁跨岛线替代路线争议及陈清木游园风波，可以发现，基层组织已悄然在发生改变。

新加坡基层组织从风雨中走来，昔日的动荡不安已经远离新加坡，其扮演的角色理应随着人们对它的期望的改变而有所改变。如果基层组织无视自己在角色扮演过程中角色差距的存在而固着于某一角色，其结果必将窒息基层组织发展的潜力和活力；只有在明了角色差距的基础上做出与社会期望相一致的角色转换，基层组织才可能与新加坡一起越走越远。

第一节
角色差距：新加坡基层组织面临的挑战

角色差距指的是领悟角色指导下的实践角色与期望角色（理想角色）之间的距离。社会地位一经承认，社会期望也就随之产生，同时也就产生了理想角色。但在实际社会生活中，人们所扮演的是领悟角色指导下的实践角色，这与理想角色在大多数情况下是有差距的，有时还相差甚大。角色差距的存在，是个人或组织适应社会并成为一名合格的社会成员，以及社会整合的重大障碍。新加坡基层组织已成为新加坡社会不可或缺的一个重要组成部分，其存在并有效发挥作用始终是确保新加坡社会和谐安康的重要前提。与此同时，我们又不能对基层组织在角色扮演过程中暴露出来的理想角色与实践角色之间的角色差距视而不见。如何缩小角色差距将是新加坡基层组织在新世纪不得不面对的挑战。具体而言，这些挑战主要表现在以下方面。

一、民主浪潮冲击：对基层组织偏重政治角色的挑战

新加坡是一个威权色彩浓厚的国家。这种威权色彩表现在基层组织身上，就是政府主导基层组织，基层组织政治色彩浓厚。20世纪80年代以来，人民行动党长期形成的赖以治国的威权模式面临着严峻的挑战，这一挑战也使得新加坡基层组织长期以来偏重政治角色的做法面临新的抉择。

民主的力量

在推进现代化过程中，新加坡逐步建立起介于有限极权和有限民主之间的威权主义政治体制。随着历史的演进，到20世纪80年代，新加坡威权政治发生了一些改变。当人民行动党政府

面对强大的民主呼声和社会团体的压力时，他们不得不做出一些民主的姿态，来坚定民众对执政党的信心，让民众看到民主的希望。这些姿态都不危及执政党的统治，而且还可以消解民众对政治一元化和执政党一党独大的不满情绪。但是，它们在客观上助长了民主因素的传播和扩大。

20世纪80年代中后期以来，新加坡政治民主化进程获得重大发展。在政治方面，1988年1月，新加坡人民行动党通过新的行动纲领，强调新加坡需要一个强大而能干的政府，以促使国家进步和繁荣，但也表示准备随时调整民主制度，以适应时代的发展。1993年8月28日，新加坡举行了首次全民直选总统，结果57岁的前副总理王鼎昌当选新加坡第一位民选总统，并对政府的预算和主要任免事项享有否决权。改革国会选举制度，引进"集选区制"，增设"非选区议员"和"官委议员"等，这标志着新加坡在民主化道路上的巨大进步。新加坡新一代领导人吴作栋、李显龙摒弃了李光耀的"家长式"作风，以"亲民"姿态和较为温和的方式治理国家，反映了新加坡正在向政治民主化方向迈进。在政党制度方面，人民行动党适当放松了对反对党的限制，修改了《选举法》，反对党因此获得了更大的生存空间，并最终打破了人民行动党垄断国会的局面。尽管人民行动党仍占据绝大多数席位，但人民行动党长期垄断国会的局面已被打破。在政府决策方面，开始引入民主因素。从国策的全国性讨论到"民意处理组"的成立、运作，从李显龙发起的"全国议事日程"到吴作栋提出设立"影子内阁""替代政策献议团"和"人民行动论坛"

的设想，都体现了该国政治民主化的演进。在社会政策方面，严密的社会管制有所松动，对言论的控制也有所放松。如对艺术创作、互联网管制的放松，演说角的设立，一些群众性独立政治社团以及公民论坛组织的成立等，这一方面反映出政府民主的积极姿态，也标志着新加坡社会民主具有了初步的政策条件。

世界民主化浪潮的冲击直接影响着新加坡民主化的进程，使得新加坡基层组织偏重政治角色的做法遭遇挑战。随着第三波民主化浪潮的冲击，新加坡威权体制面临国际社会特别是西方国家的指责，虽然人民行动党对这种指责予以反击，但毕竟给新加坡社会带来了影响其固有政治稳定态势的因素。特别是随着经济全球化趋势的加快，互联网和国外媒体对新加坡公民潜移默化的影响在逐渐加强。为了避免西方传媒对新加坡造成不利影响，人民行动党政府对外国新闻媒体严加限制。李光耀认为新加坡若处在自由毫无拘束的媒体环境之下，对整个国家和人民而言，将只有破坏作用而没有建设性作用。因此，1986 年初，新加坡国会通过了《新闻与出版法》，授权政府对未经事前听证而报道新加坡国内政治活动的新闻媒体加以限制。尽管如此，西方的民主思想仍通过世界经济交往、人员的国际化流动、互联网等渠道影响着新加坡人，尤其是新加坡的"新选民"们。从 2006 年大选结果，我们也可看出民主思潮对新加坡新选民的影响。在这次大选中，人民行动党虽然以 66.6% 的总得票率继续执政，但随着 2006 大选的结束，人们看清一个事实，即三分之一的选民或三分之一的新加坡人，大致都抱有这样的想法，即认同人民行动党执掌国家管理权的同时，也希望国会里有更多元的观点和声音，对体制的运作、政策的制定，积极发挥监督和制衡的作用，并更有效地反映人民的心声。在这样一种事实面前，无论是人民行动党政府，还是基层组织本身，其角色转换都势在必行。

新加坡中产阶级的不断壮大，也使得新加坡基层组织偏重政治角色的现状遭遇挑战。新加坡经济的持续高速增长，改变了传统的社会分层和社会结构，其中最重要的变化是出现了一支有自己独立利益而且很有主见的力量——中产阶级。虽然从总体上来说，新加坡目前还不是完全意义上的中产阶级社会，中产阶级的力量还有待发展，但它已是一股不可忽视的力量。他们关心公共权力的运用，政治参与意识逐渐增强，政治民主化的诉求日渐凸显，希望通过政治选举程序之外的各种独立的非政府组织来施加政治影响力。威权体制与经济发展不相适应的苗头已经出现，民主化成了新加坡政治发展的新趋势。在这样的背景下，人民行动党政府只有进行角色转换才能迎合中产阶级的要求，基层组织只有进行相应的角色转换才能充当中产阶级用来对政府施加影响的媒介。

反对党力量的增强更使得新加坡基层组织偏重政治角色的现实遭遇挑战。随着反对党力量的增强，议会中非人民行动党议员提出不同于政府观点的质询越来越多。1981年，工人党领袖惹耶勒南在安顺补选中胜出，人民行动党独霸国会的局面被打破；20多年来，反对党的势力从总体上说处于增加趋势。尤其是年轻人要求民主与人权的呼声越来越高，更多的年轻人和知识分子支持反对党，希望出现政治多元的局面。新加坡前内政部长蔡善进就认为，在新加坡的年轻一代人中，有许多专业人士、知识分子和学术人员，他们认为国会除执政的人民行动党外，必须有某种形式的反对党，他们认为国会中能够有执政党以外的人士表达反对政府的声音是很好的。随着反对党力量的增强，反对党开始抨击政府委任基层组织领导层的做法，反对党希望基层组织不再充当人民行动党的"耳目"和"间谍网络"，而是充当监督政府、服务民众的一支独立的力量。在这样一种情形下，人民行动党政府在管理基层组织方面不得不朝民主化方向迈出更大的步伐，这无形中又给基层组织的角色扮演现状提出了新的挑战。

可喜的变化

2011年大选，再一次印证了新加坡人权和公民权的提高。这次选举中不仅是新加坡政治的一个重大变化，而且新加坡的公民权也有了明显的提高，这个提高有可能提高新加坡的人权水平。在这个选举之前就有国际组织评价新加坡的人权水平已经在提高，选举过程也让世人清楚地看到，由于新加坡选民在选举中不再害怕选举会被政府加以报复，因此投下了勇敢的一票，结果导致了新加坡政治的突破。新加坡公民权的水平和法治化程度是比较高的，但是新加坡政府过去在选举制度上人为地设置的种种障碍，使得新加坡公民权的提高遇到了问题。虽然新加坡有反对党的存在，但是在以前提到反对党的时候，新加坡人会感觉到害怕，需要躲避。但是在这次选举中，许多公民都公开表示，自己是支持反对党的，支持反对党的选民感到骄傲，反而是支持执政党的选民要有所回避，这是社会对政治转变的重大变化。从现实政治来看，民主和人权的提高是互相支持推动的，人权的提高，使得公民敢于投下勇敢的一票，而民主的发展又改善了人权的环境，使得公民权有更大的提高。而新加坡此次通过民主发展的提高，也会进一步提高新加坡的公民权，使得新加坡的社会更加自由，更加开放。

民主发展水平的提高以及社会的更加自由，无疑会催生更多的追求自由的一代。随着这一代人的成长并不断壮大，他们对政府主导基层组织的做法将更加难以认同。如果这种情况不加改变，可以预料的是，要么基层组织对这一代人的吸引力会下降，要么会有更多的不受政府主导的社会组织出现。无论哪种结果，对基层组织而言，挑战多于机遇。

2011年大选，也反映了新加坡党派政治的逐渐成熟。新加坡的党派政治由于执政党利用各种制度优势和法律优势，一直处于独裁地位，称为一党独裁完全是可以的。但是，这次选举之后，由于反对党进入议会的人员增多，社会媒体态度的转变，新加坡公民社会和公民权的继续发展，将会结束新加坡一党独裁而进入一党独大的局面，有可能出现议会政治。虽然这离工人党在选举时提出的要实现"世界第一国会"的距离还很远，人民行动党仍然控制着议会的绝大多数，在决策上有着绝对的优势，但是有可能会出现真正的议会政治。另外，执政党在选举中的总得票率只有60%，是靠选举制度保住了地位，而40%的社会力量却希望通过投票给反对党来对执政党形成制衡。新加坡的政党政治格局因此发生了较大转变，反对党的席位虽然不多，但是由于社会的支持和新媒体的作用，反对党的声音实际上起到的作用比其所占的议席比重要大，这无疑会对新加坡的政党政治产生重大影响。众所周知，每次大选前的舆论战，基层组织的政治色彩总会成为反对并攻击人民行动党的重要理由。随着反对党力量的增强，基层偏重政治角色的做法将面对前所未有的压力。随着时代的改变而做出调整，或许将是新加坡基层组织不得不做出的选择。

总之，经过这次选举，新加坡新一代领导人开放开明的态度已经表现出来，例如李显龙领衔的宏茂桥六人集选区执政党得到了69.33%的选票，比上届提高了3%，这种不降而升的结果，表明选民对李显龙开明开放态度的支持。而新加坡老一代政治领导人在选举中的表现，有可能加速新加坡政治代际更替的速度。这些都会加速新加坡基层组织的角色转换。

二、市民社会兴起：对基层组织社会角色孱弱的挑战

新加坡政府是一个强政府。政府主导社会发展、经济进步、政治形式等一切有关国家的事情。公民社会在传统的新加坡没有生存和发展的空间，但是，随着国内外政治环境的不断变化，国际政治民主化进程的加快，新加坡公民社会实现了成长和成熟，

对新加坡国内政治民主化的发展起到了催化的作用。

从《小孩不笨》谈起

2002年,新加坡推出了一部电影——《小孩不笨》。影片讲述的是三个读书成绩都不好的小孩国彬、文福、泰瑞在进入EM3这种班级后,小小的心灵才逐渐感受到残酷的现实社会对小孩也没有优待。老师的看不起,同学们的轻视以及父母们的期待都使得他们三个非常苦闷,他们三个常在一起,成了最好的朋友。国彬的妈妈给他的压力最大,因为陈妈妈深受没有文凭之害,不希望儿子步她后尘,因此国彬的妈妈经常奉行的是严加管教,对于国彬的绘画爱好却一点都不重视。文福的母亲忙于生意而无暇管他,采取的是放任自流的态度。但是好强的文福自从被表哥刺激之后激起了自尊心,发誓一定要证明自己的能力。泰瑞是生在有钱人家里的小孩,做事没有主见,什么都听母亲的,过得也是一团糟。孩子们的父母也是一堆事情,国彬的爸爸在广告公司一直得不到认可,因为老板和客户都相信"老外",不信本土人;泰瑞的父亲也在因竞争对手的紧逼而生意日渐下滑,找了广告公司的创意却没奏效;文福的妈妈因为丈夫坐牢,一个人苦苦支撑家庭,没精力去管孩子。新来的女老师却对EM3的同学们不歧视,鼓励他们要努力,发挥特长。在老师的鼓励下,三个孩子都有了不同的提高。可是国彬的成绩依然没有大的起色,在看到电视上有儿童因为成绩不好自杀的消息,准备自杀的国彬被警察拦住了,父母也觉得造成这一切特别无奈。国彬的母亲由于患病需要换骨髓，在老师的号召下，同学们和父母都来验血看能否挽救国彬的母亲。最终泰瑞的骨髓符合要求，可父母却不同意，但在泰瑞的坚持下终于做了骨髓移植的手术。而国彬的父亲为了感谢他们，专门为泰瑞的父亲的公司生产的牛肉干做了全新的创意，也使得他们的生意渡过了难关。经过一系列的事情，文福的成绩有了显著的提高，泰瑞也终于学会了自己独立思考，而国彬由于绘画方面的天赋将到美国深造……

对于这么一部情节并不特别曲折的电影，人们有着不同的解读。有人说这是一部喜剧片，有人说它是一部探讨家庭教育的影片，有人说它是小孩成长的励志故事，也有人说它是对教育制度的讽刺，但我更倾向于认为这是一部社会讽刺剧，有着强烈的政治寓意。这种寓意在影片一开头就表现出来了。影片以一组字幕开头，首先出现的字幕是"影片即将放映，请赶快坐下"，然后又一排字幕"请关掉手提电话"，然后又一排字幕"来点掌声如何"，然后又出现"谢谢，大声一点好吗？再大声和热烈一点好吗？谢谢"，最后一排字幕是"你们怎么那么听话啊"。笔者以为，上述字幕既是对新加坡人一直以来太听政府话的讥讽，更是对摆脱政府"家长式"管制、对自由的呼唤。

这更是从一个侧面反映了新加坡公民社会从无到有的成长过程。

从新加坡建国以来，新加坡经历了三届领导人的不同风格的领导，三种不同的风格对新加坡的公民社会的孕育起到了大小不同的作用。如果说李光耀时期更像"家长式"作风,吴作栋时期则像"兄长式",比"家长式"要缓和一些了,他给政策注入人情味。到了李显龙时代,其执政风格更趋亲民,可以称之为"朋友式"。李光耀主政期间,人们称新加坡是"李光耀的新加坡",他不主张民主理念,认为新加坡那时的国情民情不适合搞民主,把人民当成自己的子女,人民不管在事关自己利益与否的大小决策上都没有参与决策、发表自己意见的权利。在李光耀政府的这种强烈的威权体制的政治环境下,公民社会没有足够的生存和发展空间。吴作栋执政以后,其执政思想发生了一定的转变,其一方面继承了李光耀的民本理念,另一方面又积极实践西方民主,将民主理念深入到新加坡的政治、社会生活中去。并且,他放松了社会管制,为新加坡人民预留了一定的政治空间,提供了多种层次和形式的论坛以交流意见,并允许就某些政策进行协商和辩论。这种相对宽松的政治环境为新加坡公民社会的兴起与发展提供了一定的政治支持,培育了优越、积极的环境因素。李显龙的上台,更进一步推动了新加坡政治民主化的深入发展,他的执政使得新加坡的国家政治环境变得更加宽松,人民参与政治的机会增多,社会民主程度更高。这一切为新加坡公民社会的成长带来了难得的机遇。

从国际政治文化的影响来看,新加坡公民社会也得到了快速成长和发展的国际政治环境的支持。随着全球民主化浪潮的不断高涨和政治民主化进程的不断加快,新加坡国内政治文化也在慢慢经历变迁,逐渐突破权威秩序的范围,国内政治民主化的环境逐渐完善,进程也在不断加快。尤其是20世纪90年代以后,随着全球经济的快速发展和社会多元化趋势的不断加强，新加坡国人参与政治的热情日益高涨，民主化成了新加坡政治发展的新趋势，为新加坡公民社会的成长塑造了积极的政治文化环境。正如有的学者指出的："唯政府指令是瞻的新加坡公民看起来正在成为过去。公民们希望在自己共同关心的事务中联合起来，通过他们的存在本身或行动，对公共政策产生影响。"[1]另外，国际政治民主化的环境和国内权威秩序的矛盾，导致了很多新加坡国人的政治冷漠。新加坡政治精英们意识到这个危险的信号，开始着手培育公民参与和非政府组织在市民社会中的治理作用。例如吴作栋政府提出的"新加坡21远景计划"，为新加坡公民社会的发展提供了积极的政治支持。

　　国内外政治环境的转变，使得新加坡公民社会得到了迅速的发展。新兴的志愿服务机构、慈善社团和专业性组织、工会组织、中华总商会、宗乡会馆、民众俱乐部等，如雨后春笋般出现的新兴志愿型公民组织，更是代表着今后新加坡公民社会运动的方向。在这样一种背景下，人们对基层组织回归本身、扮演更重要社会角色的期盼会越来越强烈，无疑，这会对基层组织过多地参与政治构成严峻的挑战。

　　要明了公民社会兴起对基层组织社会角色孱弱的挑战，需要对新加坡公民社会兴起的程度和兴起后国家权力的消长进行分析。首先考察新加坡公民社会兴起的过程和程度。在独立之前，

---

[1] 高奇琦，李路曲.新加坡公民社会组织的兴起与治理中的合作网络[J].东南亚研究，2004,(5).

新加坡就存在着一定规模的前现代性市民组织。新加坡开埠伊始，一些以语言、种族、宗教、省籍、姓氏、职业为基础的互助性社团就逐渐形成。这一时期，这些市民组织的显著特点是只为特定族群服务，而且缺乏开放性。独立之后，新加坡政府在国家合作主义的模式下建立了一些官方色彩浓厚的社会组织，如人民协会、全国职工总会和妇女组织理事会等。这些社团组织的特点是它们对国家权力的依附性和从属性，它们甚至可以看成国家权力在公民社会中的延伸。

真正具备现代性和自主性特征的新加坡公民社会兴起是在20世纪80年代中期之后。一些传统的社团此时开始进行现代化的改造，譬如1986年新加坡华人社团共同成立了新加坡宗乡会馆联合总会，宗乡总会一成立就帮助各会员组织进行现代化改造，增加这些组织的开放性和兼容性。更为重要的是，一些独立的公民社会组织此时开始形成。到20世纪末，这些自主性的公民组织已经在其所在的社会或政治领域产生引人瞩目的影响。

在种族问题领域，一些少数族群开始自发建立较为独立的自治社团，典型者如1990年回教专业人士协会的成立。该协会成立的背景就是经济上弱势的马来族群，认为政府的马来族代表和半官方的回教理事会未能有效回应马来族群的特殊利益诉求。在艺术领域，一些艺术团体试图摆脱政府的文化审查和干预，并逐渐开始质疑政府审查过程的公正性和合法性。这一点在"《离婚》剧事件"中表现得尤为强烈。在政治活动领域，一些政治组织在新加坡政府容忍的边界上积极活动，譬如詹姆士·戈麦斯领导的

"思考中心"的活动。这都表明新加坡公民组织的民间性和自主性正在显著地增强。从新加坡公民社会组织的数量来看,到20世纪90年代中期,新加坡已有约4600个注册社团,[①]对于一个人口不到300万的国家来说,这个数目已经非常可观。总之,近20年来,一个生机勃勃的公民社会正在新加坡兴起。

20世纪90年代初期,新加坡公民社会的发展实际是政治领导人代际继承外溢效应的结果。代际继承往往会导致政治合法性的流失,而且李光耀的个人魅力和强势领袖特质也很难被继承者复制,所以继任的吴作栋致力于塑造其亲民的政治形象。因此,吴作栋在执政后明确表示,新加坡政治要走向"更加建设性的参与式民主"。1991年1月,新闻及艺术部部长杨荣文在新加坡国立大学发表题为《公民的社会:家庭与国家之间》(Civic Society: Between the Family and the State)的演讲,这显然是新加坡政府在释放将鼓励公民社会发展的信息。然而,1991年,人民行动党在大选中的不利战绩促使新加坡政府停止了推动公民社会发展的步伐。直到1997年大选,人民行动党赢得了83个议席中的81席。用新加坡政治评论家西蒙·泰(Simon Tay)的话说,在人民行动党明显逆转了选民支持率的下滑之后,吴作栋总理在议会演讲中公开宣布要鼓励新加坡公民社会的发展。之后不久,吴作栋政府推出了新的"新加坡21远景计划"。这一远景计划的其中一个目标便是"鼓励参与和促进民主"。之后,仍担任新

[①] 王绍光. 多元与统一:第三部门国际比较研究[M]. 浙江人民出版社, 1999:239.

闻及艺术部部长的杨荣文在1998年的一次会议上，重申了国家与公民组织之间的合作关系，明确表示要促进国家和社会之间的协作。

当然，在这里，人民行动党政府所感兴趣的公民社会的角色，是帮助国家治理那些国家不能或不愿介入的一些社会领域，即公民社会是国家治理的有益补充。而且，新加坡政府对公民社会的兴趣大小，取决于新加坡政府对政治支持的收益和政治开放的成本两者之间的比较。因此，从政府方面来看，公民社会的发展会加强人民行动党的执政合法性，从而可以使人民行动党更加有效地应对民主政治的挑战。这样，公民社会的发展甚至可能延缓民主政治的来临。

在新加坡政治中，尽管国家是民主规则的主要创新者和供给者，但公民社会在体制内的活动，也给国家的制度创新带来一定的压力。也正是这种压力的存在，新加坡基层组织从过多地参与政治活动中剥离出来才成为可能。

《离婚》剧事件的启示

《离婚》剧事件讲述的是政府审查机构在邀请参与审查人员方面"做法欠妥"引发的争议。作为政府机构，新加坡艺术理事会很难摆脱官僚机构惯常带有的传统思维，容易对种族、宗教和政治异议等问题过度敏感。所以，艺术理事会在审查《离婚》剧时，邀请一直表达异议的宗教组织来参与审查过程。艺术理事会本意是希望实现一个满意的安排,即《离婚》剧上映,而宗教组织也得到安抚。但是,由于艺术理事会仅邀请回教理事会的两名男性成员参与审查过程,《离婚》剧创作方艺术理事会的审查过程不予认同。《离婚》剧创作方冉莫莉(So-masundram The nmoli)认为,如果让这两名男性代表参与审查,那么还应该让两名女性代表也参与审查,如泰米尔穆斯林组织 SIJU 的女性代表,或者是妇女行动与研究协会(Association of Women for Action and Research)的成员。冉莫莉认为,只让男性代表参与审查的过程是不民主的。实际上,冉莫莉的争辩是有道理的,而艺术理事会对代议制的政治理解是不深入的,它仅仅考虑到要平息穆斯林团体的牢骚,却没有考虑到女性群体的利益表达。

这一事件引起了新加坡媒体和社会的广泛关注。媒体似乎希望把这一事件的冲突性展示给民众,譬如《海峡时报》对这一事件报道的标题是《艺术理事会威胁拒发该剧的播放执照》。如一位观察者指出的,这一事件使人们更加注意新加坡政府在文化审查方面的决策过程,而且,该事件把一个"程序上的不一致"变成了政府与文化界之间的对手游戏。[1]这一事件使人们对政府文化审查政策的合理性和合法性展开讨论,使得公民对自由权利的讨论朝着新加坡政府所不希望看到的方向发展。这些文化团体对新加坡政府管制挑战的意义是深远的,将新加坡政府的管制置于一种两难境地。

---

[1] Liew Kaikhiun, "Between Sensationalism and Information: Talaq and the Media". FOCAS: Forum on Contemporary Art & Society. Singapore: The Necessary Stage, 2001: 175.

《离婚》剧事件给了新加坡政府和公民社会一次了解新的民主政治运行规则的机会。在政治自由化的过程中，政府和民间社会都要学习新的代议制政治的规则、差异性和多元性、谈判技巧和容忍精神。这一事件的公众讨论最后导致新加坡内政部在议会中宣布，它不仅要重新审查该剧的上映，而且还要审查艺术理事会的审查过程。

公民社会可能不是民主化启动的决定性变量，但其在民主巩固阶段中的作用是决定性的。就新加坡民主政治而言，公民社会已经在发挥一些潜在的影响。在公民社会的推动下，人民行动党也在逐渐地、缓慢地供给着民主政治的新规则。这样的民主政治进程可能行进得比较缓慢，但是新加坡政治一旦完成转型，民主政治会比较成熟，民主巩固所需的时间也会比较少一些。

近年雨后春笋般大量出现的新兴志愿性公民组织代表着今后新加坡公民社会运动的方向。志愿者组织服务的内容广泛多样。从一般性社会服务，如设立热线电话为他人提供社会咨询，参与社区公共教育服务和讲授各种课程，到向特殊群体提供的人文关怀，如为视障者读报，为鳏寡老人表演节目，给艾滋病患者提供心理辅导，等等。志愿者社团往往以地域、兴趣、年龄、职业等特征把人们组织起来，譬如，"挑战年轻"（青年人组织）、"退休及年长者志愿计划""圣约翰救伤队""新加坡宠物俱乐部""宏茂桥家庭服务中心"等。志愿者社团有利于将公民的人道主义利他行为长期化、制度化和组织化，便于社会高效利用公民志愿贡献出的资源，增加社会资本，真正实现公民自我服务。

在国家与社会关系方面，新加坡属于典型的"强国家－弱社会"模式。随着全球化在世界范围的扩展和深入，市民社会也进入了全球市民社会的阶段。世界经济一体化、国际政治民主化、全球市民社会的兴起逐渐成为全球化的三个主要方面和主要过程。公民社会组织的兴起，并非要求国家完全退出社会，而是呼唤国家与社会更大程度、更高效率和更为制度化的合作。凸显和塑造多部门合作，即"政治国家与公民社会的合作，政府与非政府的合作，公共机构与私人机构的合作，强制与自愿的合作"，是公共治理的精髓和要旨。多元权力下的合作网络，可以避免政治国家中心论或社会中心论等单一部门极化的倾向。不同部门存在不同的比较优势，政府部门在大规模创新方面和宏观管理方面有长处，而第三部门在考虑小群体意愿和小范围试验方面存在优势。治理就是取各家之长，使非政府部门与政府部门联结起来，形成合作网络，就共同问题进行集体行动。

然而，新加坡的现实是多部门合作只是刚刚开始。在大多数问题上，公共部门与第三部门总是相互独立地进行活动，或者是第三部门向强大的公共部门寻求庇护和资助而非平等合作。横亘在政府与公民社会之间的利益、实力差距、意识形态之间的鸿沟使得部门之间的误解、隔阂与冲突仍相当普遍。具体表现的问题是：首先，政府仍习惯于将公民社会行动者排除在重要的行政决策之外。政府精英在推动经济发展和解决社会危机过程中积累起的强烈的自信心，使政府易于低估公民自我服务和自我管理的能力，也使政府容易陷入成为"利用国家机器解决一切社会问题"的窠臼。公民社会行动者在政府决策的输入和反馈环节上活动的空间非常有限，这一点激起了公民的强烈不满。民众希望政府在做决策时多花费时间去聆听公民的意见，考虑公民的建议和回应公民的要求。其次，公民社会非常羸弱。早先成立的社会组织往往已被纳入政府的管理机器，受政府供养，缺乏独立意识。新近成立的社会组织自主性较强，与公民紧密联结，但缺乏与政府合作的经验和足够的活动资源。再次，两大部门的合作也是非正式的、偶发性的且不对等的，远未形成制度化的合作网络。新加坡的精英主义传统成功地塑造了一批又一批才识兼备、训练有素且有责任心的技术官僚，但丰厚的薪金和福利、儒式政治文化中对精英的尊崇，使他们高高在上，远离民众。活跃于公民社会组织、奔波于街头义工服务的"草根"活动家自然不能与制定国家大政方针、掌控国家命运的栋梁精英们相提并论。政治精英与社会活动家之间缺乏制度化的互动与交流。随意的带有政府恩赐倾向的两部门合作尚未走出政府管理的框架。

部门间的合作是困难的，但长远来看，试图撇开部门间合作来解决问题将更加困难。在全球化浪潮的席卷下，一个独立于新加坡国家力量之外的影响中心——市民社会正在新加坡形成。非政府组织作为公民社会中一个最积极、最活跃、最有主观能动作用和最具社会效益的组织形式，它们的形成和发展意味着公民社会的发展。非政府组织的兴起、个人参与意识的增强使原来严密的集权式行政管理体制失效，并促使政府对政治体制和社会管理体制进行一系列的改革。李显龙总理上任后,更提出了几项在形式上有利于市民社会发展的新措施,表现出新任内阁对市民社会兴起的善意。其中包括:举行室内聚会不用向警方申请准许证,但必须避开种族与宗教等敏感课题;民众无须申请准许证,就可在演说角落举行展览或表演。[1]李显龙在国会发言时指出:"新加坡人在接受(社区建设的)任务这方面已做好了充分的准备。与其每次依靠政府去负责一切,不如把更多职务转移给人民,让社会大众扮演积极和领导的角色,去决定要塑造一个什么样的新加坡。"[2]这或许可以解读为新加坡新一届政府对市民社会兴起的回应。在这样的背景下,国家主导社会的政治形态不得不让位于国家与社会合作治理的政治形态。

随着新加坡市民社会的发展,新加坡基层组织在社会管理中扮演的角色越来越重要。传统的基层组织置政治作用于首位的做法越来越显得不合时宜,社会正在成为一个与国家并列的、相对独立地提供资源和机会的源泉,即国家逐渐弱化、社会逐渐强化。大量民间社团的出现使得在国家强力支配下作为依附性角色存在的社会,日益要求改变自己的地位。新加坡经济的发展和中产阶级的形成鼓舞着民众参与政治的信心,政府对市民社会约束的放宽又为民众提供了在国家体制之外进行利益表达的路径和机制。这一切,给曾经"铁板一块"的新加坡政治注入了民主的因素。

---

[1] 黄浩威.经济发展:新加坡的致命伤?让年轻人的意见喧哗就是一种姿态[N].联合早报,2004-09-05.
[2] 政府让人民在社区建设方面当家[N].联合早报,2005-01-20.

在这样一种背景下,国家垄断或覆盖社会的"强国家-弱社会"格局必然遭遇到严峻挑战。强社会的兴起,意味着基层组织的角色扮演必须做出相应的调整;强社会的兴起,也意味着传统的以强政府为支撑的政府原有角色也必须做出改变。

三、参与型文化影响:对基层组织作为依附角色的挑战

李光耀"误判形势"

1991年,英国《经济学家》杂志记者吉姆·罗沃对李光耀进行了采访。李光耀在采访中谈道:"以后,你可能看到公民社会开始的情况,人民结成自己的团体……只有到那时,你才能确实看到我所愿称之为积极的基层民主的开端。"当吉姆·罗沃追问李光耀"在新加坡,到什么时候才会开始结成这些构成公民社会的小团体?"李光耀答道:"我不知道这个时候是否会到来,因为文化走的不是一条路,它也许永远不会到来。"[①]李光耀话语中似乎流露出对公民社会的期望,但深读其中,仍会发现些许潜在意味的东西。首先,李光耀强调,在公民社会完全兴起之前,新加坡权威领导人构建的政治秩序不能动摇,公民及其社团仍需在执政党为其划定的边界内活动。其次,李光耀对公民社会的来

---

① 吉姆·罗沃.亚洲的崛起——美国为什么随着亚洲的经济繁荣而繁荣[M].上海:人民出版社,1997:349-352

临更多是怀疑，至少是对在传统文化和权威政治浸染下的公民的自治意识和能力的怀疑。

形势的发展与李光耀的判断有所不同，也超出了李光耀精心构筑的权威秩序的范围。多年以后，政治文化正在悄无声息地经历变迁。新加坡政策研究院的一项调查报告显示："78%的调查者希望'在选举之外，应该有别的渠道，公民可以表达自己对政府政策的观点'，87%的调查者认为'不论收入水平和受教育程度的高低，每个公民都应具有同等的自由权利去表达他对政府政策的看法'。"[①]在李光耀看来"也许永远不会到来"的公民社会在新加坡已开始萌动，国民特别是受过良好教育的年轻一代的参与意识明显增强，唯政府指令是瞻的新加坡公民正在成为过去。他们希望在自己共同关心的事物中联合起来，通过他们的存在或行动，对公共政策产生影响。

公民的参与意识的觉醒在新加坡坊间流传的一些小段子中得到了印证。当有人问人民动功党（People's Action Party）的缩写"PAP"是什么意思，回答如下：20世纪60年代，它指的是Peace And Prosperity（和平与繁荣）；70年代，它指的是Pay And Pay（罚款又罚款）；80年代，它指的是Pain And Punishment（痛苦与惩罚）；到了90年代，它意味着Pass Away Peacefully（静悄悄地下台）。上述戏称未免言过其实，甚至有点

[①] Ooi Gilk-Ling, Tan Em-Ser and Gillian Koh. "Survey of State-Society Relations". Social Indicator Research Pro-ject: Executive Summary Report. Institute of Policy StudiesWorking Papers. 1998(5): 6-8.

过火，但它确确实实反映了民众政治心理的变化，发人深思。

说到新加坡民众政治心理的变化，我不由又想起了阿尔蒙德和西德尼·维巴合著的《公民文化——五国的政治态度和民主》一书的观点。在该书中，阿尔蒙德和维巴将政治文化分为三种基本类型——地域型（或村民）政治文化、依附型（或臣民）政治文化和参与型（或公民）政治文化。[①] 在依附型政治文化中，政府与公民之间的关系就像君主与臣子一样，公民尊重并执行政府所做的权威性决策，但缺乏向政府表达利益要求的意识。也就是说，相对于公民与政府缺乏政治联系的蒙昧型政治文化，这种政治文化类型建立了公民与政治的联系，但它是一种单向的联系。从政府的角度来讲，存在对公民的政治输出但缺乏公民的政治输入；从公民的角度来讲，被动地接受政治安排，但缺乏政治影响和参与。而在参与型文化中，公民与政府间的关系是双向的联系，公民尊重政府的权威，执行政府基于法律制定的决策；同时，公民具有政治认知与政治参与的能力，主动通过各种途径对政府的各种政治事务或决策发表看法，并参与到这些政治事务或决策中去。所以，这是一种"理性－积极"的政治文化。

再把目光转回新加坡。由于基层组织与民众联系紧密，随着参与型文化的兴起，人们希望通过借助基层组织来发表对政策的看法的愿望会越来越强烈。在政治文化已从依附型向参与型转变的情况下，如果基层组织仍作为依附政府的角色而存在，可预见

[①] 何忠国、朱友粉.公民文化：一种参与型复合政治文化[N].学习时报，2007-09-07.

的是，基层组织对民众特别是年轻一代的吸引力将大不如前。这与人民行动党政府设置基层组织的初衷是相悖的。在这样一种现实面前，随着政治文化的转变而进行角色转换将成为基层组织不得不做出的选择。

"我的选择由谁决定？"

2006年5月9日，新加坡《联合早报》"言论"版刊登了王昌伟的《我的选择由谁决定？》一文。王昌伟认为，新加坡不应总是以那些"因民主而失败"的国家例子来训诫人民，而是应该多分析那些"因不民主而失败"的国家的经验。在这样的基础上，新加坡完全可以以那些成功的民主作为理想的追求。王昌伟指出："既然'由上而下'及'由下而上'的选择方式都可能出错，我们最后要问的必然是：我们应不应该拥有一种无须经过'上面''同意'的，自由选择的权利？我不知道一般新加坡人怎么想，但我会为争取这样的权利而不懈努力。因为唯有如此，我才能自豪地说，我是这个国家的一分子，这个国家的兴亡成败，都和我有关。相反地，如果由'别人'来告诉我该怎么选择，一旦出错，那就是'别人'的错，不关我的事。我该怎么选择，只能由我自己决定。"[1]从上述讲话不难看出，王昌伟已经有了强烈的自主参与意识。

---

[1] 王昌伟.我的选择由谁决定？[N].联合早报，2006-05-09.

其实，在今天的新加坡，像王昌伟一样要求自主参与政治的选民越来越多。随着新加坡社会经济的发展和西方文化影响的加强，新加坡国民的参与意识逐渐觉醒，民众要求获得被威权政治长期压制的民主政治权利，要求"拥有一种无须经过'上面''同意'的，自由选择的权利"，要求"我的选择我做主"，在这样的情形下，威权政治的合法性便陷入了危机。众所周知，政治文化与政治结构存在着紧密的联系，当依附型政治文化赖以存活的威权体制陷入困境时，原有的依附型文化便面临着让位于参与型文化的挑战。政治文化的改变，意味着昔日作为政府依附角色存在的基层组织也必须做出相应改变。

2011年选举之所以反对党取得了重大胜利，是因为这五年来有许多年轻人变成了选民，他们倾向于有更多的社会政治自由，希望社会走向更多元、更开放。因此，这些年轻人中有一部分人将选票投给了反对党，这是新加坡社会转型对政治产生的根本性影响。年轻人希望生活在更开放、更自由的空间，而不喜欢李光耀等这样的老政治家，一味地训斥老百姓。许多年轻的新加坡人认为那种老百姓只要关注生活好、关注经济好，政治交给我们政治家来办的老调语言是一种养猪政治，这是老式政客的言论，已经不适合现代政治了。虽然新加坡执政党知道社会的这种想法，因此让李光耀在选举中较少露面发声，但是仍然让李光耀、吴作栋这样的资政级的前领导人领衔参与了集选区的选举。但是在整个的选举过程中，这样的老政治家其实已经不为年轻人所喜欢，他们的有关专制的讲话和形象，让新加坡的一些青年人感到反感。2011年大选，吴作栋参加的集选区的得票率只有56.65%，或许那就是选民表达对他们的看法的一种宣泄吧。

2011年新加坡大选，虽然反对党只赢得了6个席位，但是却赢得了40%的选票，这样的结果将会加快推动新加坡政治转型。新加坡是个法治社会，这是有历史传统的，现在再加上选举民主，再加上一个日益强大的社会和公民权利的提高，这对新加坡政治的转型是非常有利的。毫无疑问，新加坡政治转型的方向将会是向一个更加民主、更加自由的社会发展。

经过选举之后，一方面，反对党可能会出现整合，一些没有任何成果的反对党可能会分裂，也可能会解散，也可能会和比较强大的反对党整合，这样就有可能出现几个实力比较强大的反对党，而社会也会通过这次选举加深对反对党的了解，进而有更多的人支持反对党，这在客观上有助于加快新加坡的政治转型。另一面，与选举有关的制度设计也有可能出现较大的调整，因为当获得40%的选民支持的反对党却只能得到区区6个国会议席时，开始觉醒的年轻选民会发现这种制度设计有弊端，加上反对党不管是有意识还是无意识的鼓动，人民行动党是否还能对这种压力无动于衷？另外新加坡集选区这样的选举制度，虽然帮助了执政党，但是在另外一面，对执政党可能会有很大的伤害。比如阿裕尼集选区的失败所导致的对执政党来讲的严重的政治结果，也可能会使执政党考虑改变选举制度，既保持集选区可以让更多少数民族参政的渠道，也要让新加坡的精英能够继续进入政府，这种选举制度的改革当然要经过社会的同意，因此这也有可能加速新加坡政治的转型。

　　总之，经过这次选举，新加坡新一代领导人开放开明的态度已经展现出来，李显龙领衔的宏茂桥六人集选区执政党选票比上届提高了3%，这表明选民对李显龙开明开放态度的支持。而新加坡老一代政治领导人在选举中的表现，有可能加速新加坡政治代际更替的速度。这些都会加速新加坡政治的大转型，而政治转型的加速无疑又将促进基层组织角色的转换。

第二节
角色转换：新加坡基层组织的展望

　　角色转换是角色尽力在行动中表现出与角色期望相一致的行为过程。为了应对新世纪以来的新挑战，新加坡基层组织必须进行相应的角色转换。具体而言，新加坡基层组织的角色转换主要表现为以下几个方面：

一、超越自我：由"偏重政治角色"到"凸显社会角色"

民主化浪潮的风起云涌对人民行动党政府主导基层组织的做法产生了冲击，也对新加坡基层组织的角色扮演构成了挑战。但人民行动党政府在选择响应政治民主化挑战的路径时呈现出明显的主动性特征，即人民行动党政府主动地、自觉地主导了政治民主化进程。就20世纪80年代以来的新加坡政治生态而言，虽然产生了一些挑战人民行动党威权统治的因素，如新一代选民对政治民主的诉求增多，西方媒体对新加坡的人权状况与民主进程指手画脚，反对党的势力开始崛起，但从整体上看，这些因素在短期内无法成为新加坡政治生态的主要方面，其烈度和影响力都不足以"迫使"人民行动党政府改变其传统的威权体制，人民行动党政府仍然有足够的社会控制力来左右新加坡的社会局势，而不至于在短期内丧失其执政地位和执政合法性。但是，正如人民行动党的"自我更新"一样，人民行动党政府在应对政治民主化的挑战方面也显现出了其务实的一面。

"以政府为重"到"以人民为重"

2013年10月12日，新加坡人民协会在胡姬乡村俱乐部举行2013年的基层研讨会。总理公署部长、人协副主席林瑞生向1000余名基层领袖及社区伙伴阐明接下来的工作重点和方向。林瑞生重点强调了"以民为重"的信息。人协副主席林瑞生会上的讲话，透露了人协正在谋求对策的信息，也反映出人协对基层组织扮演的角色进行了反思，并提出了一个新的理念。林瑞生认为，要真正做到以民为重，就要把"人民—政府—人民"这个三角框架倒转过来，人民处于顶端，政府在下方。为了帮助基层领袖贯彻这个原则，林瑞生接受媒体访问时透露，人协将重组资源并重新调整资金运用。他希望基层领袖更加积极主动，与其等人协把资源推到各个选区，不如主动向人协索取资源。

他说，有些人觉得基层领袖是在为政府、人协和基层组织顾问效劳。其实，这并不是基层领袖的核心任务，基层领袖更重要的职责是为社区和居民服务。而人协与基层组织顾问的角色是支持及协助基层领袖更好地服务居民。人协的基层活动是以"人民—政府—人民"这个三角框架在运作，而且一向是把政府摆在三角框架的顶端，人民在下方。林瑞生认为，要真正做到以民为重，首先就要改变这个观念模式，把这个三角框架倒转过来，也就是人民处于顶端，政府在下方。而从最下方的政府开始，一层一层往上推进到人协、基层组织顾问、基层领袖、基层义工及社区伙伴，就是要支持处在最顶端的居民。

林瑞生说："有人可能会认为把三角框架倒转过来只是一个形式而已，但我认为它的意义不止这样，这是人协基层活动的出发点与承诺的重新调整。"

李显龙总理在2013年的国庆群众大会传达的一个很明确的信息，就是要重新调整政府、社区与个人之间的社会责任及义务。林瑞生认为，政府在提升给予人民援助的同时，人协也要检讨社区可以怎么进一步协助居民。

林瑞生指出，除了确立以民为重的三角框架，更要扩大这个框架。人协将联系更多伙伴，如志愿福利团体、非政府机构、本地企业，以及各个政府部门和法定机构，齐心为更多居民提供更好的服务。他说："我们并不具备所有的专才和资源来很有效地推行以民为重的基层活动。换句话说，我们需要更多帮手、更多主意及更多的爱心来与我们一起携手合作。"在扩大联系之后，林瑞生认为接下来很重要的就是情感的联系。他说，与居民之间的互动次数多寡固然重要，但素质更重要。人协希望基层领袖与居民建立更深一层的联系，而不只是纯粹出席或参与活动。

无论是为了顺应时代的变化，还是受到新常态大环境的倒逼，人协显然意识到基层组织必须改变思维和运作模式，才能成为一个与时俱进、受到民众认可并且持续有价值的公共机构。林瑞生提出的观念转变，从侧面折射出人协基层组织和基层领袖的作风经过多年，在某种程度上偏离民众的期待，促使它必须更加有意识地重建它本应以民为重的公共形象。

面对新的政治生态，基层组织所扮演的角色不可能一成不变。可以预料的是，今后人民行动党政府在保持不炫耀、不夸张和办事低调的政治路线的同时，会刻意淡化基层组织与政府的亲密关系，凸显基层组织作为非政府组织理应扮演的社会角色的一面。面对反对党和年轻选民的挑战，人民行动党的党规已列明党和人民协会属下各个基层组织之间的关系必须分明，例如党员不能以党的身份或以党的招牌四处张扬，谋求私利；在竞选期间，居民委员会的会所、民众联络所和民众俱乐部都不能张挂党徽和党旗；行动党也不能在人协属下的民众联络所、民众俱乐部及居委会会所举行党的活动，除非是纯粹的社区活动或服务；人协属下的基层组织在举办社区或基层活动时，宣传单和布条上也不能印有党徽。这一切，都有助于淡化基层组织的政治色彩，凸显其非政府组织本色。但是，人民行动党政府的这些做法并不意味着人民行动党政府从此要划清政府与基层组织之间的界限，更不意味着人民行动党政府由此将放弃对基层组织的掌控，只是预示着政府对基层组织的掌控会适度放松。

随着新加坡年轻一代领导人的上任，新加坡的政治生态更趋民主。李显龙总理曾说，新加坡未来要继续取得成功的先决条件之一，是"搞好政治"。认清"人民最大"的道理，通过理性的跨党合作，把该做的事情做好，确保人民的利益受到保障，必然是其中一项至关重要的工作。因此，从近期来看，虽然政府对基层组织的主导地位不会改变，但从长远来看，基层组织的民间性将逐步凸显，其自主性和自我管理能力会逐渐增强；与此相应，新加坡社会治理的架构也随之由政府对社会的控制，走向政府与社会共同实行的民主治理。所以，我们可以预测，只要人民行动党继续执政，这个制度便会继续存在，并且会不断得到发展。与此同时，随着新加坡新一代领导人施政理念的转变，加上国内外舆论的压力，人民行动党政府又会刻意淡化政府与基层组织之间的主从关系，有意突出基层组织非政府性的一面；基层组织的角色扮演也将由"以政府为重"变为"以人民为重",这将是新加坡基层组织在未来的一大走向。

象征意义与实质影响

2012年4月30日,在2011年大选中落败的阿裕尼集选区人民行动党前议员潘惜玉正式卸下巴耶利峇基层组织顾问职务,前总理公署部长陈惠华也同时卸下基层组织顾问一职。她们原来分别担任阿裕尼集选区实龙岗和巴耶利峇的基层组织顾问。接替陈惠华和潘惜玉的是资深基层领袖陈俊华(62岁)和李昌龙教授(71岁)。陈俊华在教育界工作40年,曾担任北三校群督导;过去28年,她活跃于实龙岗的各个主要基层组织。李昌龙是一名工程师,曾在中区社理会服务和担任新加坡的阿曼、科威特和肯尼亚非常驻大使,他活跃基层工作37年,曾在巴西班让和摩绵主要基层组织服务。政治观察家兼官委议员陈庆文说,这意味着陈惠华和潘惜玉将淡出政坛。他认为,委任两名资深基层领袖出任阿裕尼集选区的基层组织顾问,是起稳定该区基层组织的作用。他说,目前要组织一个以部长为首的阿裕尼集选区团队,是行动党的一大挑战。"行动党预料会在接近下届大选时,才推出那里的候选人人选。"

潘惜玉(52岁)卸任前一天最后一次以基层组织顾问身份出席人协主办的基层活动后告诉记者,将党的职务跟基层职务分开,是阿裕尼集选区的新尝试。她强调,之前都是"一人分饰两角"，但现在要让居民分清两者区别。她指出，党支部的工作是为居民排忧解难，基层的工作则是促进凝聚力。"居民有困难应该找党，有反对党议员说，帮助居民是政府的责任，那要选议员来做什么？但无论什么党，基层都要办活动凝聚大家，我们是个多元种族和信仰的社会。"

将基层职位去政治化的做法，已从前外交部长杨荣文主管的勿洛水池—榜鹅区开始显现，党支部主席现在是赖添发（49岁），基层顾问是卢安东尼（73岁）。

2011年4月，在人民行动党的一个新候选人介绍会上，曾有记者问来自全国职工总会和刚离开公共服务岗位的候选人：他们身边如果有朋友对职工总会或人民协会与政府和执政党"千丝万缕"的关系颇有微词，那他们将如何应对？

新人们没有一个正面回答问题的，而是以个人的经历说明职总和人协在社会中扮演重要的角色。这也难怪，不论是针对人协基层组织的政党色彩是否太浓，或职总秘书长应否是内阁部长等问题，早已是炒了多次的冷饭，人们也已经形成了既定的印象。这样的课题岂是还未正式涉足政坛者，以三言两语就可交代清楚的？尽管如此，有关部门和人士依然抓紧机会，乐此不疲地说明人协服务的是政府而不是政党，以及职总与政府之间虽存在"共生关系"，但许多政策其实是由工会领袖带头呼吁修改的，反映了工人的心声。

有至少两个例子值得一提。首先，人协主席特别顾问林文兴受委任为阿裕尼集选区的基层事务提供咨询，并协助物色传统上由议员或落选行动党候选人担任的基层组织顾问。林文兴告诉记者，人协所扮演的主要角色是协助建立社会资本，以确保社会和谐、人们守望相助并相互尊重，从而打击犯罪率并且提高生活质量。他说，基层组织的职责是协助人协执行这些职务，不管这些基层组织是设在行动党或反对党的选区里头。社会资本是指各种社会资源、制度和关系进行互动的成果，可对一个社会的集体和经济发展起关键性影响。因此，2011年"分水岭"大选后成为工人党地盘的阿裕尼集选区也不例外，必须物色新人来取代已公开表示将卸任的基层组织顾问，但人选不一定是有志从政者。

另一个例子是职总先由电子与电器工业工友联合会秘书长陈顺龙，发出要求政府检讨员工50岁起开始递减雇主公积金缴交率制度的呼吁，职总近日再拟定周详的建议书发给劳资政三方伙伴斟酌、讨论。职总不像以往般由持有政治职务的工运领导人或工运议员去做这件事，相信是要传达职总是个由下而上积极建立共识的组织，不是由持有政治职务的工运领导人"说了算"。

李显龙总理在出席职总四年一度的全国代表大会时，也不忘强调职总秘书长不易当，他既要在内阁里代为传达工人的心声，使工人关心的事成为决策的重要考虑，回到职总时，秘书长又要团结工会去支持对工人有益的国家政策。

毋庸置疑，让"非政治人物"当上基层组织顾问，是人协淡化基层组织政党色彩的一个做法。可是，不少留意时局的人恐怕会问，如果率先在行动党所管理的选区做到这点，那岂不是更具象征意义？

至于由基层工会领袖率先发出检讨50岁开始递减雇主公积金缴交率的做法，从雇主当时并未大肆通过发表文告等渠道来表达立场，政府也是经媒体多次询问才表示将认真做出相关检讨来看，一些人恐怕会批评有关做法没能快速地取得成效。

笔者认为，不管是让"非政治人物"当上基层组织顾问或让基层工会领袖主催修改政策，都难免让人觉得有关做法流于形式，没有实质效果。人民的眼睛都是雪亮的，他们能够分辨出哪一些基层领袖全心全意地服务他们，也能体会哪些政策和措施以他们为中心。事事以人为本，在决策的过程中提供更多让人们参与的平台，或更广泛地征求人们的意见和看法，相信这远胜任何撇清与政党或政府关系的尝试。

不论是基层领袖与顾问或者工会领袖，都要能够从人民的角度出发，审视各项政策，了解政策对大众的影响。他们也要在必要时准确、透明地代表居民或工人，指出政策的失误、不足以及如何改进。

基层组织顾问向来由人民行动党议员或落选候选人担任，因此在许多人的观念中，受委基层组织顾问或第二顾问者，相信都会参加下一届大选。不过，2011年大选后受委任为勿洛蓄水池—榜鹅、实龙岗和巴耶利峇分区基层组织顾问者，都是资深的基层领袖而且年龄都在60岁以上，突破了基层组织顾问与行动党候选人身份必定重叠的观念。事实上，新的尝试很多时候开始呈现给人的都是其象征意义。但是，人民行动党政府显然已经感受到了压力，他们在主导基层组织方面没有停滞不前，委任资深的基层领袖而且年龄都在 60 岁以上担任基层组织顾问是新加坡基层组织角色转换的一个好的开端，或许，我们可以把这种开端视为象征意义后的"实质影响"。

二、合作至上：由"受政府主导"到"与政府协作"

一直以来，人民行动党政府在处理与基层组织的关系方面表现出的是"国家合作主义"。这种合作模式在相当程度上是建立在基层组织要部分地放弃自己的利益，服从"国家利益"的基础之上；虽然这经常是不得已而为之，但这种不得以或许既符合它们的长远利益，也有利于国家稳定。选举期间，在国家合作主义模式下，各基层组织都被纳入到人民行动党的竞选策略中；这些组织在此期间的最大职责便是动员和劝导选民把票投给人民行动党。在日常的工作中，行动党政府则推动基层组织把国家意识具体化为社团意识，从而把执政党的意识形态和国家意识形态灌输到民众中去。

经济危机和 SARS 疫潮中的合作

随着时代的变迁，人民行动党与基层组织之间的关系也在发生着微妙的变化。在前些年新加坡面对的经济危机和SARS（"非典"）疫潮两大事件中，往日的"政府主导"已经让位于"相互协作"，政府与基层组织合作的图景日益彰显。

2000—2002年经济衰退期间，新加坡政府宣布了113亿元的配套措施，缓解商家与人民受到的冲击。在配套措施的多项援助计划实施过程中，政府吸收民间团体加入，如华社自助理事会推出的华语和方言讲解的专线服务，帮助华族社群了解政府的援助计划。更进一步的合作是人力部拨出320万元，资助五个社区发展理事会、回教专业人士协会、新加坡全国雇主联合会、全国职工总会和新加坡专业执行人员合作社等13个社区与自助团体，扩大职业联系网络，以方便失业者在全岛各地寻找工作。除了提供拨款和咨询服务，人力部还负责培训这些合作社团的职员，让有关职员掌握基本辅导技能。这些合作社团相互分享资源和经验，把多个培训课程介绍给求助者。合作社团也可利用拨款聘请更多职员，租下合适场地，购买培训出版物等发展壮大自己。

SARS疫潮期间，国家福利理事会、社会发展与体育部、卫生部等政府部门与基层组织合作，为受隔离者中状况堪忧的人士提供更多社会支援及关怀。筹款、宏观调度由政府部门负责，具体服务如有特殊需要的老人或小孩的看护、为隔离者提供咨询、为出现焦虑和孤寂或忧郁症状的人进行心理辅导等工作由志愿者社团去做。公共部门与基层组织合作后更加体现人文关怀的是，对SARS病人或死者家属提供心理辅导。国家福利理事会筹款给参与计划的家庭服务中心，让他们利用筹款向志愿辅导员提供特别培训，再由辅导员跟进了解出院的 SARS 病人及家人的情况，为他们提供心理辅导，走出心理阴霾。

近几年来，随着新加坡市民社会的成长，新加坡非政府组织的数量和种类激增，特别是一些现代性专业团体的自主意识在不断增强。这些团体正试图摆脱人民行动党政府主导的国家合作主义框架的束缚。例如，政府城市更新委员会的城市规划工作受到了新加坡自然协会等社会团体的挑战，这些社团强烈批评政府的市政工作没有征求民众的意见，要求举行听证会，甚至举行公民投票以决定政府的城市规划方案是否可行。[1] 这种变化促使人民行动党重新审视社会团体在新加坡社会政治中的地位，它开始强调和构建给社会团体更多自主性、责任心和上下交流更为通畅的"新合作主义"体制，并以此取代由行动党政府主导而社会团体被动参与的"旧合作主义"。"新合作主义"的构建无疑有助于提高社会团体的政治地位。社会团体政治地位的提高，意味着人民行动党政府正努力在更加平等的平台上与公民组织合作，意味着政府和公民组织将共同参与社会公共服务，这又将进一步增进民众与执政党之间的交流、信任和联系。

随着新加坡新一届政府的产生，人民行动党政府对社会的控制更趋宽松。李显龙指出："政府在过去 20 多年来所建立的协商及沟通文化，今后还会大幅度推进，更多限制也会随着社会的成熟而逐渐放宽。"[2] 新加坡新一届政府在管理社会方面的总的理

---

[1] 李路曲.新加坡人民行动党政府的社会控制方式[J].东南亚研究，2006，(04)：43.
[2] 吴新慧.政府将进一步放宽限制 使公民社会更蓬勃发展[N].联合早报，2004-01-07.

念是，在保持社会稳定与满足公众期望之间维持一个平衡点：一方面，基层组织需要向政府谋求生存和发展的空间；另一方面，政府在社区治理上存在失灵现象，需要基层组织发挥查遗补漏的作用。基层组织与政府之间是相互合作的关系，政府为基层组织的发展提供制度保障，而基层组织则协助政府解决在新的时代背景下所面临的各种社会与社区问题，二者的合作将在协同治理中不断得到加强。在这样一种背景下，新加坡基层组织与政府的合作必将由"国家合作主义"过渡到"社会合作主义"，而基层组织与政府间的角色关系也将相应地由"受政府主导"演进为"与政府协作"。

与反对党握手言欢

2011年大选后，基层组织所面对的另一个前所未见的问题是反对党选区突然大增。原本只是两个单选区，在大选以及随后的榜鹅东补选后，反对党占据了两个单选区和一个5人集选区（即集选区内有5名议员，分管区内的5个小区）。这等于说，共有7个区的基层组织一夜之间失去了行动党议员担任的顾问。它们将何去何从？

在反对党选区里，基层组织所面对的尴尬处境是个难解的结。由于反对党议员不是基层组织的顾问，基层组织也就不可能和反对党议员合作。少了基层组织这个网络，反对党议员在与民众联系沟通方面显然受到很大的掣肘。但反过来说，少了民选议员的配合，基层组织在选区里的活动和所能起到的作用也必然受到制约。人协毕竟是政府的机关，不可能帮助持不同政见的反对党议员搞联系选民的活动，也不可能把基层组织交给反对党议员去管理。因此，人协的做法是委任落选的执政党候选人为顾问，或者是另外委任资深的基层领袖当顾问。这一来，基层组织和反对党议员就不可避免地要站到对立面。

2014年1月，新加坡反对党工人党控制的选区内的基层顾问和公民咨询委员会发表文告，宣布它们计划向政府申请建造有盖走道、无障碍斜道以及健身角落等新的社区基础设施。这几个选区是阿裕尼集选区以及后港和榜鹅东单选区。文告宣布，在征询了工人党市镇理事会和居民的意见之后，他们已选定17个社区改进项目。

也是工人党主席的阿裕尼—后港—榜鹅东市镇会主席、阿裕尼集选区议员林瑞莲受询时，对此表示欢迎。她说："为了给居民带来好处，市镇会期待为这些项目提供专业意见。"阿裕尼集选区加基武吉基层顾问王乙康表示，基层领袖与工人党市镇会的接触顺利。文告以友诺士公民咨询委员会主席沈怀深的名义发出。他表示，接下来将在公开招标后，向政府申请落实项目的资金。

负责批准及发放资金的是国家发展部属下的社区设施改进委员会（简称CIPC）。这个由11人组成的委员会，主席是国防部兼国家发展部政务部长孟理齐博士，成员都是基层顾问。除了上届大选落败后受委任为后港基层顾问的朱倍庆之外，委员会的其余成员都是人民行动党议员。

由人协委任的基层顾问一般是人民行动党议员或败选的选区候选人，落实社区设施改进的资金须通过他们提出申请。反对党议员不能直接向其申请在区内展开设施改进的资金。国家发展部长许文远2013年7月曾在国会上说，社区设施改进委员会只受理公民咨询委员会申请的原因是，"他们贴近基层，较能够决定哪些项目对居民最有益"。把社区翻新和改进与选票挂钩，是执政的人民行动党自1991年大选以来的竞选策略环节之一。过去20多年，行动党政府陆续推出主要翻新、中期翻新和电梯翻新计划，并明确告诉选民，在条件同等的情况下，支持行动党的选区将优先获得翻新的机会。此外，这些选区也可以在基层顾问的支持下，获得额外的社区设施改进委员会的资源，建造有盖走道、无障碍斜道以及健身角落等社区基础设施。鉴于人协和基层顾问的关系密切，而基层顾问在推动特定社区设施改进项目方面扮演关键角色，致使人协基层组织在民众的印象中沾染了亲行动党的党派色彩，甚至更被部分民众视为政治工具。

这个令人遗憾的印象，无论对错，多年来深深烙在了民众的心里，冲击了基层领袖和基层组织的公共形象，不仅让一些无私奉献时间、精力和个人财力的基层领袖遭受到不公正的负面的眼光，也导致一些人不愿参与基层组织的活动，间接影响了基层领袖团队吸收新血的能力。

政策研究所高级研究员许林珠博士受访时说："时代已经改变，人协与工人党找到了合作的方式。人协有必要巩固它作为全国机构的定位，应跨越政党之分服务全国人民。"2011年大选之后不久，人协与工人党曾因公共场地的租用而起争执。

行动党多年前的竞选策略是以社区基础设施项目来吸引选民，反对党选区在社区改善项目方面，资源明显不如行动党选区。工人党选区的选民如果还能和行动党选区的选民一样，受惠于社区设施的改进，可能意味着他们日后在支持反对党方面更无后顾之忧。

王乙康受询时说："我们优先考虑的是居民的利益。基层领袖们义务为社区服务，他的所作所为都是为居民好。"

许林珠说："反对党区的选民希望他们能受到人协等国家机关的公平对待。政党若首先考虑选民利益，并显示它是公平和关怀社群的，可以为形象加分。"

上述报道，在笔者看来并不新鲜。因为，在反对党选区内进行一定的设施建设，其实是早已有先例的。最早落入反对党手中的两个单选区，波东巴西和后港都有过这样的项目，只不过都仅限于小规模项目。其实，从政治的角度来看，执政党的一些社区发展设施向支持它的选区倾斜是政治的常态。在其他国家，这种现象尤其明显露骨，比如执政党若输掉某个选区，在选区内原本已在建设中的项目，可能在一夜之间停工。新加坡执政党现在所面对的问题是，大部分的选民是在风平浪静、一党独大的岁月里长大的，他们不像老一辈选民，非常感激人民行动党为改善他们的生活和建设国家所做出的贡献。他们认为这一切都是理所当然的。此外，他们所接受的又是倾向西方价值观的教育，很在意自己的权利，也很在意公平、自由、两党制之类的价值观，因此，对于那些不利于反对党的倾斜政策，似乎也有越来越多的人感到反感。有一年大选，执政党向反对党区波东巴西区的选民抛出了亿元发展计划，结果该区的选民也不为所动，继续支持原任反对党议员詹时中。翻新计划所带来的实际惠民利益和彰显的政绩，此时已被民众越来越高的要求所超越。再加上2011年大选前的一些政策失误，抵消了民众对于政府的好感，预示了翻新策略难以为继，也为人协褪去政治色彩创造了条件。社区老化和生活上的不方便曾经是反对党区选民投选反对党的代价。如何应对自己的教育制度所培养出来的新选民，确实是人民行动党如今最感头疼的问题。

　　但是，若从另一个角度来观察，选民不受政党的威逼利诱对民主的健康发展未尝不是好事。这就是说，不管是执政党还是反对党，都无法通过利诱选民的方式赢得选举。选举必须在相对公平的基础上进行，各政党派出最佳的候选人上阵，真诚打动选民的心，才能赢得选举。当然，这要求选民对执政党和反对党的候选人有一致的要求准绳，而不是双重标准。但事实是否就是这样呢？我们也只能拭目以待。因为，其他国家的实践说明，两党或多党选举的结果总是使政党走向民粹主义的道路，而政府为了讨好选民，也终究不得不逐渐地采取讨好选民的政策。新加坡能够例外吗？这是否也能加速新加坡基层组织角色的转换？

三、回归本色：由"替政府说话"到"为民众代言"

随着新加坡市民社会的成长，随着岛国民主发展进程的逐步向前推进，人们发现，今天的新加坡，反对党人的活动和言论在媒体上所获得的报道，无论是内容还是篇幅，都是以前所无法比拟的。评论方面更是如此。今天，新加坡一些新闻从业员或是自由撰稿人所写的文章，其坦率、勇气和尖锐度也是早些年人们所无法想象的。全球化趋势下的年轻一代新加坡人接受了更好的教育，资讯的开放流通开阔了视野，他们对外面世界所发生的一切有了较为透彻的理解，对民主与自由有更多更理想的诉求。由于甩掉了上一代背上那种沉重的历史包袱，年轻一代更勇于表达自己的看法和意愿，人生道路也就有了更多的选择。人们越来越不相信，经济繁荣和社会稳定非得用政治严峻作为祭品。随着新加坡年轻一代加入到基层组织当中，越来越多的新加坡人希望基层组织在表达民意方面能有更大的作为，而不是与政府亦步亦趋；越来越多的新加坡人期待基层组织能在为民众代言方面表现出更大的主动性，而不是充当政府的"喉舌"。在这样的背景下，新加坡基层组织不得不做出适当的调整。

谁是"白象事件"的赢家

"白象事件"的发生或许可以解读为新加坡基层组织由"替

政府说话"到"为民众代言"的开始。"白象事件"发生在2005年8月28日。当天,社会发展、青年及体育部长维文医生到榜鹅南区访问,有人看到万国地铁站前的盛港中路中央分界堤栏杆上,挂着八个造型不同的白象图纸板,暗讽万国地铁站是个精心设计却没有实际用途,建好了却不开放让居民使用的"白象工程",有如英文谚语中所说的"大白象"。警方不久接到一个投诉者打来的投诉电话,于是着手展开调查。随后有将近10名当地的居民与基层领袖,陆续被传召到警局协助调查。在经过一个多月的调查后,警方确定违例者的行为触犯了公共娱乐与集会法令,但基于这些白象图纸板并没有对公众造成干扰或骚扰,在斟酌了实际情况并征询总检察署的意见之后,警方决定不控告那几名违法者,只是给予他们严厉的警告。[①]经过这次风波后,万国地铁站终于在2006年1月开放给当地居民使用,给居民出行带来了便利。

其实,在"白象"事件发生前的两年半时间里,榜鹅南基层领袖一直在为争取万国地铁站的开放而努力。自政府宣布万国站暂时不开放后,基层领袖就不断代表当地民众向当局争取改变万国站的命运,包括进行调查、与陆交局和新捷运交涉以及写信向他们求情。白沙—榜鹅集选区议员张有福在回忆这段日子时指出:"为了说服当局开放万国站,基层领袖沿户对居民进行调查,甚至一大早就到榜鹅地铁站旁访问步行到地铁站的居民,尝试以

[①] 陈锦柏."白象"主人受警告不会遭控[N].联合早报,2005-10-07.

此说明，居民愿意步行超过 400 米到地铁站。"[1] 尽管榜鹅南基层领袖通过各种调查来尝试说服当局开放万国站，但每次都没有成功。以"白象"迎部长，充分反映了居民对地铁站建成两年多却不启用一事有很大意见，也实属无奈之举。这起"白象事件"在民众中也引起热烈讨论，它也间接促使交通部长姚照东向陆路交通管理部门表示，它或许可使用更灵活的标准来重新评估万国站乘客量的需求，把原本用来计算住户乘客需求量的 400 米范围扩大到 500 米。[2] 许多民众更对警方介入调查表示惊讶与不满，他们认为在地铁站外挂白象的举动是"和平、幽默"的，也只不过是"传达民意的创意方式"。一些公众为此质疑警方是否反应过度，把事情看得太严重。

"白象事件"虽然使一些基层领袖遭到了警方的严厉警告，他们却赢得了民众的认同。当被记者问到"基层领袖为什么能够一直坚持下来"时，白沙—榜鹅集选区议员张有福回答说："经历这么多次失败，基层领袖都不放弃，更没有因沮丧而退出基层工作。我问他们为什么，他们说是居民的支持，给了他们坚持的力量。""虽然整个过程非常艰难，有时会感觉受挫，但无论如何现在事情能圆满解决，居民能更早使用地铁服务，是件值得高兴的事。"[3] 用挂"白象"的方式来表达民意诉求的举动显然没有得到当局的祝福，但榜鹅南的基层领袖敢于设置"白象"，一

---

[1] 屡败屡战，愈斗愈勇　地铁站开放，万国基层与居民有功[N].联合早报，2005-12-30.
[2] 同注 1.
[3] 屡败屡战，愈斗愈勇　地铁站开放，万国基层与居民有功[N].联合早报，2005-12-30.

定程度上改变了人们对基层领袖"政府说什么，基层领袖就做什么"的刻板印象，也为基层组织今后更好地为民众代言提供了正反两方面的经验借鉴。可以预料，随着新加坡社会的发展，类似于敢于设置"白象"之类的为民众说话的基层领袖会越来越多。与此相应，基层组织也必将由"替政府说话"回归到"为民众代言"。

跨岛线地铁替代路线事件

2013年7月间，新加坡自然学会针对拟建中的新地铁线跨岛线对中央集水地带自然保护区的影响发表了40页的状况报告。为避免地铁穿过集水地带，该学会在报告中建议跨岛线的地铁隧道绕着自然保护区边缘，并提出两条替代路线，其中一条是在过了新民后，往南沿着保护区边缘而建，即建在汤申路和罗尼路之下，然后按原定计划衔接到金文泰和另一条新地铁线裕廊区域线。政府如果采纳这项改道建议，可能会影响罗尼路、亚当路和汤申路上段一带的住屋。目前这些地区的发展相当密集，以排屋和半独立式洋房居多。

这一建议很快引起了汤申路上段一带的八个私人住宅区和一个组屋区居民的关切，他们深知若不及时表达看法和感受，等到米已成粥再来上诉将为时已晚。于是，他们签署了一封联名信，并希望通过汤申—大巴窑公民咨询委员会能帮他们表达心声。汤申—大巴窑公民咨询委员会于2013年9月代表亚达菲园（Adelphi

Park)、湖景园(Lake view)、苏州园(Soo Chow Garden)、汤申花园(Thomson Garden)、汤申园(Thomson Park)、汤申岭(Thomson Ridge)、温莎园(Windsor Park)、友联园(Yew Lian Park)等八个私人住宅区及和顺福组屋区将居民的联名信提交陆交局。汤申—大巴窑公民咨询委员会主席林清安受访时说,根据自然学会所建议的路线图,部分替代地铁路线将穿过汤申路上段与布莱德路交界处到新民道路段之下,这令居民感到十分关注。他说:"这路段不久后将展开电缆隧道挖掘,接下来几年也将兴建地铁汤申线和南北高速公路,这些大规模工程预期将为附近居民带来不便,如果再加上跨岛线的替代路线,交通拥挤、空气污染等问题将加剧,甚至可能被征用土地。我们因此必须向当局表达关注。"[1]

在新加坡有限的土地资源上,既要发展又要完全不影响环境,或不损害一些利益相关者的眼前利益几乎是不可能的。多年来,新加坡政府也很有意识地在发展和保护两者之间求取平衡。如横贯全岛,全长50公里,可能穿过中央集水地带自然保护区的地铁跨岛隧道工程,一开始便深受环保组织的关注,他们担心当局将展开的土地勘察工作会危害到自然保护区的生态环境。因此,他们向当局提出建议跨岛线改道,让地铁隧道往南绕过自然保护区。2013年6月间,当局也跟环保组织进行了对话,听取他们的意见。

---

[1] 黄顺杰.担心受自然学会跨岛线地铁建议影响 九区居民致函陆交局表关注[N].联合早报,2013-09-01.

在跨岛地铁线的计划上，如果政府完全照顾到环保人士的立场，难免影响其他现有的利益相关者，正是"顺得哥情失嫂意"，况且政府也必须着眼于长远的发展，跨岛地铁线的规划自有其经济和社会发展策略上的意义。当局要如何在各种利益中找出一个平衡点，还得经过更深入的对话。这个例子再次显示，在今天，政府的任何重大发展政策在付诸实现之前，都得有一个公共咨询和磋商的过程，而在这一过程中，基层组织的角色也在悄悄发生变化，并日益成为民众利益的"代言人"。关心不同课题的基层组织，更积极参与政府的决策过程，对施政者是一个提醒，它们应被视为政府的合作伙伴，而不是绊脚石。

陈清木游园风波引发的思考

2013年12月27日，曾担任人民行动党议员和基层组织顾问多年的陈清木医生收到了人民协会发出的邀请函，邀请他参加总统府新春游园会。他回函表示将和往年一样，偕夫人出席。可让人意想不到的是，仅仅过了十多天，也就是2014年1月8日，陈清木医生接到了人民协会副主席林瑞生的电话和电邮，对方告知陈医生，那是个误会，因为邀请方针改变，他今年不在受邀之列。陈清木将邀请被收回这件事放上社交媒体脸谱网，短时间内被大量转发，引发网民关注并引起社会广泛议论。[①]

[①] 杨萌.误邀陈清木出席游园会 林瑞生：这是不幸的过失[N].联合早报，2014-02-08.

对于这个"误会",人民协会副主席林瑞生于2014年2月7日发表声明说,人协不时检讨和更新受邀者名单,以便更多人和更多不同群体受邀。在几个月前的最新一次检讨中,他们决定停止连续二三十年都邀请所有前基层组织顾问的做法,改而只邀请最近一次大选中卸下职位的前基层组织顾问。林瑞生说:"人协用了旧名单(发出邀请函)是个不幸的过失,我们对这个过失感到抱歉。所以我打电话给陈医生及其他受影响的参与者,亲自向他们解释,并亲自发电邮再次道歉。我对陈医生在电话上大方接受我的解释感到欣慰。所以,他现在把这件事公开,让我惊讶。"[1]陈清木接受《新明日报》采访时,解释他把事件放上脸谱的原因:"很多基层领袖和朋友问我会不会出席,我说今年不去,既然他们问,我觉得不如告诉大家,通过脸谱来说是我通知大家的方式。"当记者问他出席游园会多久了?陈清木医生回答说:"我自1980年起年年受邀参加新春游园会,而且每次都出席。""他们告诉我没有受邀,所以无法出席。是的,我感到失望。"在听到"只邀请最近一次大选中卸下职位的前基层组织顾问。"陈颇有感慨地说道:"这是他们的方针,我们不能改变。我在2006年引退,他们说我不能去,我就不去。但讽刺的是,这发生在我们强调要感激建国一代贡献的当口。我不是建国一代,我和你一样是新生代。"[2]

新加坡政府会在每年农历新年期间举行游园会,目的是为了

---

[1] 总统府春游会请帖风波接受道歉又公开林瑞生表惊讶[N].新明日报, 2014-02-08.
[2] 游润恬.四陈都认为应公平处理场地[N].联合早报,2011-08-24.

感谢基层领袖为社区做出的贡献，并让大家齐聚一堂欢度春节。2014年的新春游园会于2月9日下午4时至晚上7时于总统府举行，根据人协发出的媒体邀请函，约有4000名基层领袖和其配偶出席，主宾是总理李显龙和内阁部长们。

陈清木在1980年至2006年间是人民行动党议员，2006年大选前引退，没有参加2006年和2011年大选。2011年竞选总统，得票率近35%，以微差票数败给前副总理陈庆炎博士。

从表面上看，陈清木被拒参加总统府新春游园会是因为人民协会"决定停止连续二三十年都邀请所有前基层组织顾问的做法，改成只邀请在最近一次大选中卸任的前基层组织顾问"，但若仔细考量，陈清木医生被拒游园又具有必然性。在陈清木医生担任议员及基层组织顾问期间，其一直以言辞尖锐、问题犀利、大胆提出异议著称。例如，2011年8月，针对反对党议员陈硕茂被拒出席中元晚宴一事，陈清木受访时说，新加坡人向往公平的社会，因此不管什么事都应该以公平为准，不是给人民行动党一套，然后给工人党另一套。他说："负责那个集选区的政党应该被尊重，因为其议员是人民投选出来的。"他也回忆起自己担任市镇理事会主席时的情况说："我记得当时我所照顾的社区空地属于建屋局，所以今天翻开报纸时我感到很惊讶。"他表示，人协决定要向建屋局租地一定需要很好的理由。他说："不管是出于什么理由需要租用社区的空地，他们（人协）需要有一个好的理由。"陈清木也表示，不知道建屋局租出如此大片土地，是否可行。他说："我不清楚状况，那可能是他们的双方协议。"针对这次事件的政治因素，陈清木没有正面回答。他说，自己需要更深入地了解此事，最主要的还是公平待人，尊重人民选出来的议员。他说："如果我是总统，会对人民行动党和工人党的议员一视同仁。"[1]

或许，正是因为陈清木医生的敢怒难言，造成了他"被通知却不获邀"参加新春游园会。从陈清木医生参加总统竞选的得票率可以看出，支持他的选民大有人在。这些选民可能是因为认可陈医生的做事方式，或者是对类似事件有相同的看法。笔者以为，在今后的新加坡，随着新加坡社会的发展，类似于陈清木医生这种敢于"针砭时弊"、能够为民代言的基层组织顾问会越来越多。在这样一种背景下，新加坡基层组织所扮演的角色也必将由"替政府说话"转换为"为民众代言"。

---

[1] 游润恬. 四陈都认为应公平处理场地[N]. 联合早报，2011-08-24.

结　语

　　政府主导是新加坡基层组织最重要的特征。虽然西方文明对人民行动党政府主导基层组织的做法构成了挑战，但是，仅仅以此就大胆地断定新加坡的政治形态将发生根本性的转型而进入到"西方式"的民主化阶段则未免过于草率。在可预见的将来，人民行动党政府主导基层组织的做法还会继续下去，但政府主导的要义会随着时代的变化而改变。

　　新加坡立国之初，政府对基层组织的主导更多地体现为以政府权威为中心的自上而下的等级式的控制。在这个过程中，政府扮演着"家长"角色，基层组织则扮演着"子民"角色。此时，政府主导的要义表现为统治。随着全球化步伐的加快，随着政府与基层组织之间角色冲突的出现，新加坡政府开始调适自身与基层组织之间的关系，政府虽然依旧主导着基层组织，但这种主导与传统的自上而下的等级式的操纵和控制不同，这种主导是建立在政府与基层组织之间的合作与互动的基础之上的。这种转变的实质是建立在市场原则、公共利益和认同之上的政府与非政府组

结语

织间的合作。这意味着政府主导基层组织的含义有了新的变化，即主导的要义已经由"统治"演进为"治理"。与此对应，政府由"家长"变成了"兄长"，基层组织则由"子民"变成了"兄弟"；随着新加坡社会的不断发展，新加坡政府主导基层组织的做法面临着前所未有的挑战，为了使政府对基层组织的管理更加有效，新加坡政府不得不进行角色转换，政府主导的要义也必将由"治理"转变为"善治"，即社会管理实现公共利益最大化。在这个阶段，政府将充当基层组织的"朋友"，基层组织则扮演政府的"伙伴"。

新加坡人民行动党政府主导基层组织作为一个动态的过程，其令人瞩目之处就在于它总能在民主与权威、自由与秩序、管制与开放、集权与分权、稳定与活力之间求得最佳的契合点，适时适度地调整这二者之间的相互共振频率，从而演奏出政治发展过程中的和谐之音。时至今日，人民行动党的执政地位依然稳如泰山，新加坡社会没有动乱之虞，民众也乐于接受执政党的安排，整个社会呈现出一派和谐安宁景象。这种成就的取得发人深思。中国共产党十八大报告中指出，要健全基层党组织领导的充满活力的基层群众自治机制，扩大基层群众自治范围，完善民主管理制度，把城乡社区建设成为管理有序、服务完善、文明祥和的社会生活共同体。在构建我国基层党组织领导下的充满活力的基层群众自治机制的过程中，新加坡的成功做法能给予我们有益的启发。

政府主导基层群众自治组织一直是颇具争议的话题。面对着西方强势的话语权，学界有人视政府主导为一种过渡模式，即政府主导最终将由民主自治所替代。透过本文对新加坡政府主导下的基层组织的分析，我们可以发现，新加坡基层组织虽然受政府主导，但它们同样具有活力，且在可预见的将来，政府主导的模式并不会被民主自治所替代。这似乎成了西方民主理论的悖论。政府主导与民主自治的差异到底是程度的不同，还是类型的差别？程度的不同意味着有先进与落后之分，类型的差别则意味着各有千秋。这需要我们做更进一步的研究。

后　记

　　本书是在我的学位论文基础上修改、完善而来的。虽然大体结构得以保留，但很多部分都做了重写，篇幅也进行了大幅扩充。说起这一选题，其实还有个小故事。记得那会儿毕业论文即将开题，但一直无法找到合适的选题。一天，导师邀我与另外一位同门漫步文山湖。其间聊到论文选题，导师似乎不经意间说到新加坡基层组织值得研究一番。我一听，马上说要不我就写新加坡基层组织吧。其实，当时我只想尽快把选题定下来，至于该选题资料是否好找我根本没来得及考虑。在随后的资料收集过程中，我发现这一决定太过于草率，因为国内外对新加坡基层组织做专题研究的著作并不多，资料收集的过程实在不易。导师千方百计帮我收集资料，甚至托朋友帮我从新加坡找资料，在导师的帮助下，论文虽然得以通过答辩，但离出版的要求还相去甚远，所以我当时也没想过让它付梓。

　　毕业至今，一晃便六年有余。六年来，我一直关注着新加坡基层组织的发展，其间只要看到与新加坡基层组织有关的资料，我都及时收集了起来。这为此次书稿的撰写奠定了很好的基础。

终于，当初稚嫩的学位论文几经易稿后终于要出版了，此时此刻，我不想也不愿掩饰心中的喜悦。在本书写作期间，恰逢我的工作要调整，每天忙忙碌碌，白天抽空思考或下笔写作基本上没有可能。所以，我只能利用晚上的时间进行写作。有那么一段时间，由于工作实在太忙，精力有所不济，曾有过放弃的念头。可转念一想，这次机会实属难得，加上每次与导师交谈，导师都不断鼓劲，于是乎，加紧润色进度，终于书稿进入了出版环节。

虽说在繁忙的工作之余完成书稿不是一件轻松的事情，但回想写作过程，我心中充满感激。感谢世界未来基金会，感谢冯仑先生、刘鹏辉先生、陆波先生，感谢编辑于向勇先生。感谢你们为我提供的这次写作机会，是你们让我能够在工作之余静静地坐下来，尝试专著创作。感谢深圳市图书馆东盟资料室的余胜老师在本书资料查找过程中提供的大量帮助！感谢单位领导一直以来对我的关心和支持！在这里，我要特别感谢我的导师吕元礼教授。对我而言，导师一直以来都是亦师亦兄、亦兄亦友。无论是在校期间，还是工作以后，导师都竭尽所能给予了大量的帮助。本书无论是选题、资料收集、结构敲定，还是故事选择，每一步都倾注了导师大量的心血。在此，谨向导师吕元礼教授表示崇高的敬意和衷心的感谢！

感谢一直默默支持我的家人。我爱人工作很忙，但在书稿撰写过程中，她帮我整理了写作所需的英文资料，并充当了翻译。感谢我的母亲，她承担了照顾孙女的重任，几乎包揽了我闺女的吃喝拉撒睡，让我没有了后顾之忧。感谢我的父亲，虽然平时话不多，但他主动承担了许多家务；其生活中不轻言放弃的性格，深深影响着我。

对于专著创作，我只是一个初学者。这本书稿，能够耐着性子将它读完的人是很了不起的，因为它有些乏味。人们常说："孩子是自己的亲。"本书可谓是我专著创作的"第一个孩子"。尽管它存在这样或那样的不足，但我依然希望它越来越好。

需要说明的是，本书是广东省人文社会科学重点研究项目"华人政治文化与政党政治：中国大陆、中国台湾、中国香港、新加坡之比较"的成果之一。

前段时间，单位领导通过微信转发给我一篇文章，读后"于我心有戚戚焉"，仅以此来结束此次创作的旅程吧！……我看见你的付出，不带任何条件，我看到，其实我也学会将自己分享；我看见你的纯粹，只是做自己想做的事，爱自己想爱的人，走自己想走的路；痛了就哭，喜了就笑，累了就歇，好了就走……透过看见，我看见了自己，也看到了生命的纯粹和全然；做个温暖的人……

张春阳

2014 年 12 月 15 日晚

参考文献

1. 图书类

［1］陈尤文等.新加坡公共行政［M］.北京：时事出版社，1995

［2］陈祖洲.新加坡"权威型"政治下的现代化［M］.成都：四川人民出版社，2001

［3］玖芎林.新加坡的成功［M］.台湾：金文图书有限公司，1982

［4］乐国安.社会心理学理论［M］.兰州：兰州大学出版社，1997

［5］李光耀.李光耀40年政论选［M］.北京：现代出版社，1996

［6］李光耀.李光耀回忆录（1923—1965）［M］.新加坡：新加坡联合早报，1998

［7］李光耀.李光耀回忆录（1965—2000）［M］.台北：世界书局，2000

［8］李路曲.新加坡现代化之路：进程、模式与文化选择［M］.北京：新华出版社，1996

［9］李晓.东亚奇迹与"强政府"——东亚模式的制度分析［M］.北京：经济科学出版社，1996

［10］吕元礼.新加坡为什么能［M］.南昌：江西人民出版社，2007

［11］马志刚，刘健生.新加坡的社会管理［M］.北京：群众出版社，1993

［12］庞树奇.普通社会学理论［M］.上海：上海大学出版社，2000

［13］塞缪尔·P·亨廷顿.第三波——20世纪后期的民主化浪潮［M］.刘军宁译.上海：上海三联书店，1998

［14］孙景峰.新加坡人民行动党执政形态研究［M］.北京：人民出版社，2005

［15］童星.现代社会学理论新编［M］.南京：南京大学出版社，2003

［16］吴俊刚，李小林.李光耀与基层组织［M］.新加坡：胜利出版私人有限公司，2000

［17］亚历克斯·乔西.创造奇迹的新加坡［M］.顾效龄，苏瑞烽译.台北：管理化出版社，1979

［18］亚历克斯·乔西.新加坡［M］.上海：上海人民出版社，1976

［19］赵一红.东亚模式中的政府主导作用分析［M］.北京：中国社会科学出版社，2004

［20］周晓虹.现代社会心理学：多维视野中的社会行为研究［M］.上海：上海人民出版社，1997

2. 报纸类

［1］新加坡，南洋商报（1960.1—1978.12）

［2］新加坡，星洲日报（1974.1—1983.2）

［3］新加坡，联合早报（1983.3—2014.11）

［4］新加坡，海峡时报（2007.1—2012.11）

［5］中国，参考消息

3. 论文类

［1］蔡定剑.新加坡人民行动党是怎样为民服务的［J］.党的建设，2006，（6）：55

［2］傅爱民.新加坡的社区建设［J］.社会，1998，（3）：34-35

［3］高奇琦，李路曲.新加坡公民社会组织的兴起与治理中的合作网络［J］.东南亚研究，2004，（5）：32-36

［4］李波波.社会角色理论及其运用［J］.桂林市教育学院学报（综合版），1995（2）：41-42

［5］李路曲.新加坡人民行动党的国家合作主义［J］.山西大学学报（哲学社会科学版），1998，（2）：42-46

[6] 李路曲.新加坡人民行动党是如何处理党群关系的[J].马克思主义与现实,2005,(2):71-76

[7] 李路曲.新加坡人民行动党政府的社会控制方式[J].东南亚研究,2006,(4):40-46

[8] 彭卫东.新加坡国家治理中的几个特色[J].新余高专学报,2006,(12):5-7

[9] 曲华林,翁桂兰,柴彦威.新加坡城市管理模式及其借鉴意义[J].地域研究与开发,2004,(6):61-64:61-64

[10] 孙景峰.民情沟通与新加坡人民行动党社会基础的巩固[J].社会主义研究,2006,(2):56-58

[11] 王芳,李路曲.新加坡社会基层组织建设的经验[J].理论探索,2005,(2):110-112

[12] 王世军,于吉军.新加坡的社区组织与社区管理[J].社区,2002,(18):60-61

[13] 韦琪.新加坡人民行动党缘何能长期执政[J].当代世界,2004,(7):7-9

[14] 吴民生.和谐发展 务实创新——考察新加坡的几点体会[J].今日新疆,2006,(4):46-47

[15] 小聂.新加坡人如何管社区[J].社区,2006,(4)下:36-37

[16] 喻安伦.社会角色理论磋探[J].理论月刊,1998,(12):40-41

[17] 张大维,陈玉华等.新加坡社区里的规矩[J].社区,2006,(8)下:32-33

[18] 章立早.角色理论在社会中的运用[J].企业文明,2003(11):48-49

[19] 赵大生.新加坡的社区建设[J].社区,2004,(3):29-30

4.年鉴类

新加坡年鉴(1999—2011)